Liberación de patrones emocionales

con

aceites esenciales

El propósito de este material es exclusivamente educativo y no está destinado a servir como diagnóstico, tratamiento o receta para ninguna enfermedad. (La autora, la editorial, la imprenta y la distribuidora no aceptan ninguna responsabilidad en caso de que se use de esta forma). Las personas que padecen una enfermedad, dolencia o lesión deben consultar con un médico.

Todos los derechos reservados. Ninguna parte de este libro podrá ser reproducida o transmitida de ninguna forma ni por ningún medio, ya sea electrónico o mecánico, incluyendo fotocopias, registros u otro tipo de sistema de almacenamiento y recuperación de información sin permiso escrito de la editorial.

Publicado por: VisionWare Press
P.O. Box 8112
Rancho Santa Fe, CA 92067

Los aceites esenciales que se nombran son marcas registradas de Young Living Essential Oils. Para más información, contacta a tu distribuidor independiente de Young Living.

Primera impresión, julio de 1998
Edición revisada, agosto de 1999
Tercera edición, octubre de 2000
Cuarta edición, enero de 2002
Quinta edición, enero de 2004
Sexta edición, marzo de 2005
Séptima edición, enero de 2007
Octava edición, agosto de 2008
Novena edición, enero de 2011
Décima edición, mayo de 2012
Undécima edición, enero de 2014
Duodécima edición, enero de 2015
Decimotercera edición, enero de 2017
Decimocuarta edición, febrero de 2018
Decimoquinta edición, abril de 2019
Decimosexta edición, marzo de 2020
Decimoséptima edición, julio de 2023

Impreso en los Estados Unidos de América.

Copyright © 1998 - Carolyn L. Mein, Doctora quiropráctica

ISBN 978-1-7364786-8-4

Translator:- Jezabel Rabaneda Bóo
Translation Partner:- Ulatus

Ilustraciones de Richard Alan.

DEDICATORIA

Dedico este libro a aquellas personas que buscan maneras adicionales de usar aceites esenciales para la sanación emocional.

Carolyn L. Mein, doctora quiropráctica

Página de Buscador de aceites:
BUSCADOR DE ACEITES

Para tu móvil | tableta | computadora

El proceso de limpieza de más de **550 emociones** usando **170 aceites esenciales** ahora está al alcance de tus manos.

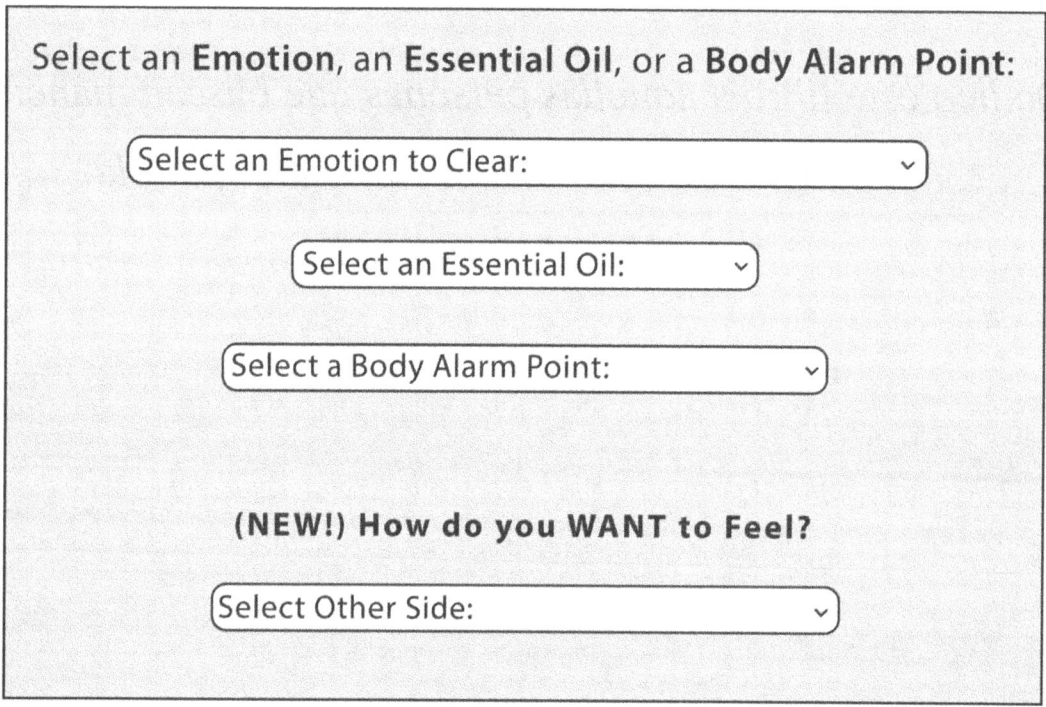

Con un solo toque o clic podrás ver el procedimiento de compensación de una emoción, con gráficos comentados.

Prueba el recurso gratuito:
ReleasingEmotionalPatterns.com/Oils

ÍNDICE

Prólogo vi
Agradecimientos vii
LIMPIEZA EMOCIONAL 1
    Liberación de patrones emocionales con aceites esenciales 3
    Limpieza de patrones emocionales 9
    Cómo descubrir tu tipo de cuerpo 18
    Problemas emocionales básicos 29
    Armonización de emociones 31
REFERENCIAS 35
    Referencia emocional 36
    Armonía de los chakras 63
    Limpieza de patrones emocionales 65
    Variación de la limpieza emocional 67
    Procedimiento de limpieza para niños 67
    Referencia según el aceite esencial 69
    Referencia según el cuerpo 83
CUADROS 97
    Localización de los puntos de alarma del cuerpo 98
    Cuadro A: Cara (frente) 106
    Cuadro B: Cara (lado) 107
    Cuadro C: Torso (frente) 1 108
    Cuadro D: Torso (frente) 2 109
    Cuadro E: Torso (frente) 3 110
    Cuadro F: Torso (detrás) 111
    Cuadro G: Puntos reflejos en los pies 112
    Cuadro H: Manos 113
MEJORAS EN LA LIMPIEZA EMOCIONAL 115
    Descubrimiento de patrones emocionales adicionales 116
    Guerrero pacífico 121
    Terapia auricular 124
    Técnicas de escritura 126
    Autoayuda 129
    Procedimiento de prueba muscular para terapeutas y profesionales 130
    Técnicas de mejora 131
PRUEBA MUSCULAR 133
Bibliografía 145
Recursos 146
Apéndice 147

PRÓLOGO

Hace muchos años, escuché que la manera más rápida de autorealizarse y, en definitiva, conformar una unidad espiritual era a través del servicio, especialmente la sanación. Al empezar mi carrera como quiropráctica, continuamente notaba la validez de esta declaración en una mayor conciencia de mí misma y de mis pacientes. La enfermedad tiene su manera de mostrarnos lo que es real, forzándonos a honrarnos a nosotros mismos y asumir la responsabilidad de nuestros pensamientos y acciones. De la misma manera, la sanación, ya sea mediante nuestra propia experiencia o la de otra persona, aporta valiosa información y conciencia.

La enfermedad que normalmente nos fuerza a mirar todos los aspectos de nuestro ser es el cáncer. La prevención y las diversas curas de esta enfermedad han sido uno de mis intereses desde que mi padre murió de cáncer a sus 45 años, el mismo año que me gradué de la universidad como quiropráctica. Ese interés por la temprana detección del cáncer y su tratamiento me llevó a conocer al Dr. D. Gary Young cuando él atendía en sus clínicas en Chula Vista, California y México. Me deslumbraron sus investigaciones, su dedicación y su sinceridad. Naturalmente, al final se centró en la prevención y logró que las propiedades sanadoras de los aceites esenciales estuvieran disponibles para el público en general.

Con la idea de que, si había una pregunta, tenía que haber una respuesta, me propuse descubrir las maneras más efectivas tanto de sanar como de mantener la salud. Esto me llevó a la acupuntura, la nutrición y la kinesiología, entre muchas otras formas de sanar, y el desarrollo de la psicología transpersonal. Con la intención de entender las necesidades dietéticas de mis pacientes, descubrí que el cuerpo es regulado o controlado por una glándula, órgano o sistema dominante. Esto es lo que determina y explica por qué hay diferentes patrones de aumento de peso, características físicas y diferencias obvias en las necesidades alimenticias de cada persona.

Existen 25 tipos de cuerpos. No solo tienen diferentes requisitos dietéticos sino también diferentes perfiles psicológicos que se evidencian en sus motivaciones y rasgos característicos. El sistema de los 25 tipos de cuerpos es en verdad un puente entre nuestro objetivo de amor incondicional y unidad espiritual y nuestra realidad diaria. Nuestros cuerpos contienen nuestra historia y proveen retroalimentación constante, por lo que aprender a escucharlos nos brinda una guía natural. Comprender la respuesta que da tu cuerpo a tu alimentación y ser consciente de sus estados de ánimo es un buen punto de partida. Tu perfil psicológico te permite entender lo que te motiva, describe tus dones únicos y realza tu autoestima.

Aunque las personas tienen diferentes motivaciones que los llevan a comportarse de una manera determinada y distintos rasgos dominantes, todas pueden sentir todas las emociones. La psicología transpersonal me permitió identificar la frecuencia vibracional de las condiciones físicas y los patrones emocionales. Los trastornos en el cuerpo pueden corregirse al equilibrar la energía mediante puntos de acupuntura. Esta fue la base para liberar el aspecto físico de los patrones emocionales. El uso de aceites esenciales suma otra dimensión ya que brinda acceso al sistema límbico del cerebro. Una de mis pacientes, Linda Lull, se dio cuenta de que podía usar los puntos de alarma de los órganos, las emociones y los aceites con los que se asocian, para mejorar su equilibrio y armonía durante el día. Como resultado de su experiencia, y al compartirla con otras personas, como con el Dr. Terry Friedmann, esta sección de mi investigación está disponible para tu conocimiento y uso. Su objetivo es proporcionar instrucciones para un uso más específico de los aceites esenciales, haciendo hincapié en sus aplicaciones emocionales.

Carolyn L. Mein, Doctora quiropráctica

AGRADECIMIENTOS

Me gustaría agradecer a todas las personas que han colaborado en las incorporaciones de esta nueva edición de *Liberación de patrones emocionales con aceites esenciales*. A mis estudiantes, colegas y pacientes por sus preguntas e ideas.

A todas las personas que han leído la primera publicación y las posteriores ediciones revisadas de este libro, por su participación y opinión. A Kalee Gracse por identificar los problemas de control. A Fawn Christianson por identificar emociones complementarias. A Sonoma Selena por su lista de palabras adicionales relacionadas con las emociones subyacentes. A Kathy Farmer por sus contribuciones al proceso de limpieza. A Susan Ulfelder por su investigación y el aporte de un método de liberación alternativo. A Connie y Alan Higley por el Cuadro de la Oreja. Al Dr. Gary Young, médico naturópata, por la formulación de las mezclas de aceites esenciales, por otorgar aceites esenciales de grado terapéutico de manera consistente, por su técnica de escritura para la liberación y su apoyo constante.

A Jeannie Keller por la transcripción y edición, a Craig Ridgley por su habilidad con la computadora, a Francis Bischetti por su actualización y apoyo continuo, y a Nadine Mein por las correcciones.

Aceites esenciales

Limpieza emocional

LIBERACIÓN DE PATRONES EMOCIONALES CON ACEITES ESENCIALES

¿Te encuentras a merced de tus emociones?

¿Te resulta difícil salir de un estado emocional negativo?

¿Te sientes arrastrado por el vórtice emocional de las personas a tu alrededor?

¿Sientes que repetidamente respondes de manera negativa a algunas situaciones, aunque te propongas intencionadamente no hacerlo?

¿Tienes la sensación de que no puedes controlar tus emociones negativas?

Las emociones son como olas del océano, crecen y fluyen. Son poderosas y crean una inercia que da paso a la acción. Muchas personas se dan cuenta del lado negativo de la emoción, pero raramente conocen su lado positivo y menos cómo acceder a él. Por ejemplo, todos hemos experimentado ira alguna vez, pero, ¿cuál es su opuesto o su emoción positiva? ¿Cómo llegamos allí, especialmente cuando estamos embrollados en la rabia?

La expresión del lado negativo de una emoción es normalmente dolorosa; en consecuencia, desarrollamos defensas para protegernos. Una de las más comunes es ignorar, reprimir o guardar nuestras emociones negativas. ¿Qué pasa cuando las guardamos? Se quedan en el cuerpo y en algún momento producen dolor físico.

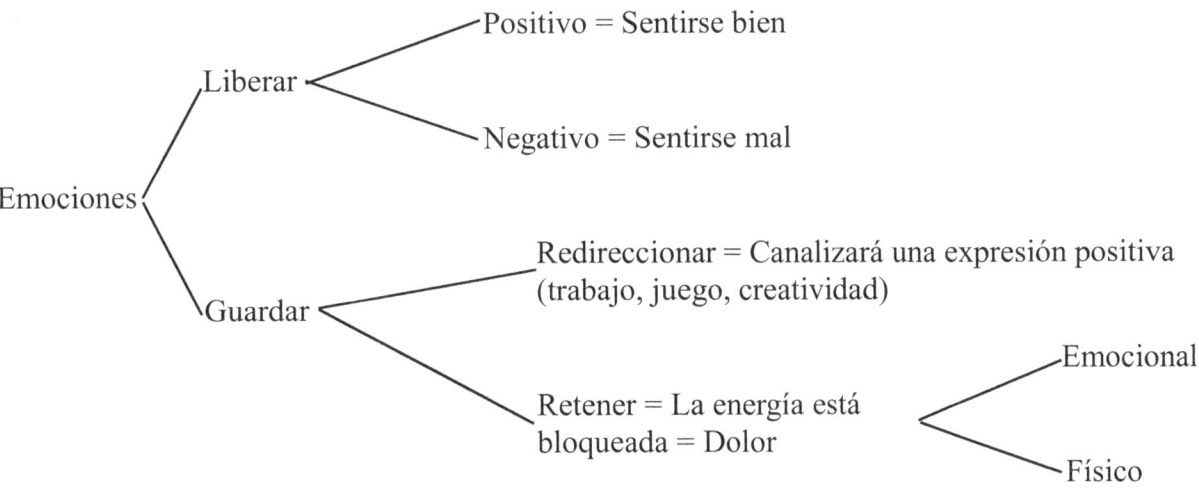

Las emociones tienen una polaridad negativa y una positiva. Necesitamos ser capaces de acceder a las dos polaridades de todas nuestras emociones para estar totalmente vivos. Al evitar situaciones que podrían causar dolor emocional, limitamos nuestras experiencias de vida.

Si retener emociones negativas tiene efectos adversos en el cuerpo, ¿qué pasa cuando esas emociones se liberan? Aunque al principio te puedas sentir mejor, si la expresión emocional es negativa, generalmente habrá repercusiones.

La alternativa a dar una respuesta negativa es expresar el lado positivo de la emoción. Parece una opción viable, así que tomemos una emoción común como la ira para explicarlo. Todos hemos experimentado ira y también hemos sido el destinatario de la ira de otra persona. Ahora que hemos decidido expresar la otra cara de la emoción, ¿cuál sería? ¿Alegría, felicidad, amor, paz? Todas son emociones positivas, pero... ¿es alguna de ellas la opuesta a la ira?

Para encontrar una emoción positiva para la expresión conocida como ira, tenemos que entender qué es y qué la causa. Supongamos que estás persiguiendo un objetivo. Has cobrado impulso y todo va bien cuando de repente te encuentras con una barrera. Tus opciones son pasar por encima, por debajo, por alguno de los lados o a través. Si no estás seguro de qué dirección tomar, te sentarás para decidir qué hacer mientras la energía aumenta. Cuando la presión alcanza el nivel suficiente, algo tiene que ceder el paso. La expresión negativa de esta energía es la ira.

La ira no siempre tiene que tener un efecto negativo. Podría darte el ímpetu necesario para cambiar una situación no saludable o tomar conciencia de un problema para poder encontrar una solución. De cualquier modo, la ira es una explosión de energía que llama la atención. ¿Qué es una expresión positiva de una explosión de energía? La risa. Ahora, ¿qué prefieres experimentar: ira o risa?

Espera un momento, ¿Qué pasa si tienes mucha energía negativa alrededor de una emoción positiva? Tal vez te dijeron que tu risa era inapropiada o se rieron de ti cuando eras pequeño. Si ese fue el caso, será difícil que rías espontáneamente. Acceder a tu risa requiere liberar las emociones bloqueadas alrededor tanto de la risa como de la ira.

Cuando eres capaz de sentir las dos caras de la emoción, eres libre de experimentar el sentimiento. Ahora tienes la opción de retener o liberar la emoción. Liberar positivamente la emoción crea buenos sentimientos hacia ti mismo y hacia las personas a tu alrededor. Mantener las emociones positivas te permite usar la energía para una expresión positiva o creativa a través del trabajo o el juego.

Los aspectos de la limpieza de patrones emocionales

Cambiar un patrón emocional conlleva algo más que sentir ambas caras de la emoción. Significa reconocer y entender el patrón que detona la emoción, que es el aspecto mental. También significa aumentar la conciencia para entender el mensaje o aprender la lección, es decir, el aspecto espiritual. Cambiar la respuesta automática condicionada requiere acceder a la memoria celular que está almacenada en el cuerpo físico.

La decisión de cambiar un patrón emocional es el primer paso, pero no es suficiente para modificar una respuesta bien arraigada. El patrón necesita ser entendido e identificado para ser reconocido. Una vez que eres capaz de reconocer un patrón emocional, como la ira, puedes decidir si quieres sentir ira o risa. Digamos que quieres experimentar la risa, pero no puedes superar la ira. Ahora que sabes que la ira emerge por el bloqueo que traes, necesitas cambiar tu perspectiva para observar la situación desde un punto de vista diferente, permitiéndote determinar la salida o la mejor dirección a tomar. Esta perspectiva elevada es el componente espiritual que promueve la "salida" y te permite entender el mensaje o la lección al aumentar tu conciencia.

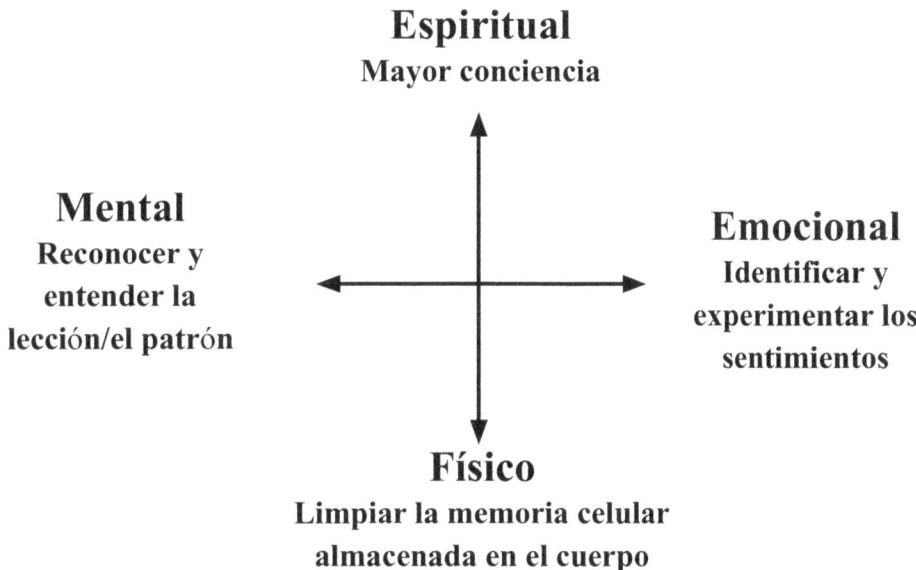

Limpiar efectivamente los patrones emocionales implica acceder a las cuatro áreas.

La "salida" de la ira es un cambio de perspectiva. "Mi dirección está clara" facilita ese cambio. Las respuestas automáticas tienen un componente físico, lo que significa que la emoción está almacenada en las células del cuerpo. La acupuntura tradicional afirma que la ira se almacena en el hígado. Al hígado, así como a los otros órganos y glándulas, puede accederse a través de puntos en el cuerpo llamados puntos de alarma.

Aceites esenciales para liberar o cambiar patrones emocionales

¿Alguna vez te has dado cuenta de que los olores, como el pan recién hecho, pueden transportarte a un recuerdo de la infancia y a todos los sentimientos asociados con tu abuela favorita? El olfato accede al sistema límbico del cerebro, que es el asiento de las emociones[1]. En el Antiguo Egipto usaban aceites esenciales para limpiar emociones específicas y las grababan en las paredes de ciertas cámaras sanadoras del templo.

Los sesquiterpenos, encontrados en altos niveles en aceites esenciales como el incienso o el sándalo, nos ayudan a aumentar el oxígeno en el sistema límbico del cerebro, que "desbloquea" el ADN y permite que el equipaje emocional sea liberado de la memoria celular. Las emociones están codificadas en el ADN de las células y se pasan de generación a generación. Los patrones de conducta emocional se encuentran "bloqueados" dentro de las familias. Las personas que reciben trasplantes han informado tener extraños recuerdos y deseos, lo que valida aún más que las emociones se almacenan en el cuerpo y se codifican en el ADN de las células[2]. Más recientemente, los estudios de la Universidad de Nueva York comprobaron que la amígdala (la glándula en el sistema límbico del cerebro que almacena y libera trauma en el cuerpo) no responde al sonido, la vista o el tacto, sino que SOLAMENTE libera trauma emocional a través del sentido del olfato[3].

---

[1] *Molecules of Emotion,* doctora Candace B. Peri

[2] *The Heart Code,* Paul P. Pearsall

[3] *Unlocking Emotions with Essential Oils,* Kathy Farmer

Las mismas emociones se almacenan en los sistemas, glándulas y órganos del cuerpo. Los sentimientos se adentran a través de los chakras o centros de energía en la línea central del cuerpo, y luego se alimentan del sistema meridiano, el cual consiste en canales de energía que corren por encima y a través del cuerpo. Como, al igual que las emociones, cada órgano tiene una frecuencia vibracional, las emociones se asentarán en el área con su frecuencia correspondiente. La enfermedad ocurre cuando la frecuencia vibracional del cuerpo desciende por debajo de cierto punto. Los aceites esenciales pueden elevar la frecuencia del cuerpo, y los aceites de grado terapéutico (de calidad medicinal) son capaces de hacerlo porque vibran a una alta frecuencia y transfieren la frecuencia al cuerpo.

Los aceites esenciales se han usado durante siglos para sanar. En la Biblia se encuentran 188 referencias de ellos. Por ejemplo, los aceites de *incienso, mirra, romero, hisopo* y *nardo* se utilizaban para ungir y sanar a los enfermos en tiempos bíblicos. La acupuntura, una de las más antiguas modalidades de sanación conocidas, utiliza las emociones asociadas con los órganos y almacenadas en ellos para diagnosticar la enfermedad.

La causa de los patrones emocionales

Un patrón emocional es una respuesta de supervivencia basada en el miedo. El propósito es protegernos del daño. El ego es como una gran computadora; colecciona la información de todas las experiencias de nuestra vida, toma todo lo que se ha dicho y literalmente lo almacena. Las respuestas protectoras del ego están basadas en experiencias pasadas, de manera que las respuestas futuras serán las mismas a no ser que se cambie el programa. A medida que maduramos y crecemos, necesitamos actualizar el programa del ego para experimentar nuestro máximo potencial.

Por ejemplo, cuando eras pequeño, te dijeron que no salieras a la calle. Después, ya más mayor y responsable de ti mismo, te enseñaron a mirar a ambos lados y cruzar la calle cuando fuera seguro hacerlo. Si te hubieras aferrado al programa inicial de "la calle es peligrosa, aléjate", tendrías miedo de cruzar la calle y nunca habrías experimentado el mundo más allá de tu manzana.

Cuando somos niños, tomamos decisiones de supervivencia basadas en nuestras habilidades. Si hubieras crecido con unos padres que te castigaban cada vez que decías algo que no era de su agrado, rápidamente habrías aprendido a reprimir tus sentimientos para complacerlos cuando creyeras que se podrían molestar si los expresabas. Esto iniciaría el patrón de supervivencia de no expresar tu verdad cuando la gente de alrededor puede desaprobarte.

Para estar a salvo, tenías que tener el control de tus emociones. Como no te sentías a salvo expresando espontáneamente tus sentimientos, tuviste que suprimirlos e internalizarlos o buscar otra salida. Cuando somos niños tenemos pocos recursos, especialmente cuando nuestros modelos de referencia no lidian con sus emociones negativas de la mejor manera. Como resultado, muchos de nosotros conocemos la expresión negativa de una emoción, pero muy pocos conocemos el lado positivo, y menos cómo acceder a él.

El dolor, normalmente inducido por un trauma físico o emocional, es generalmente lo que nos hace buscar mejores alternativas para manejar las situaciones. El trauma inicia un patrón emocional que hace que ocurra lo siguiente:

1. La energía emocional que se genera durante el trauma entra a tu cuerpo y, si no se libera, queda almacenada en un órgano o glándula con la misma energía vibracional. Por ejemplo, la ira se queda en el hígado.

2. La memoria del trauma queda almacenada en el sistema límbico del cerebro, asiento de las emociones.

3. Nuestras mentes desarrollan una creencia y la asocian a la memoria emocional almacenada en el sistema límbico.

4. La respuesta emocional al trauma queda almacenada en la memoria celular de todo el cuerpo y se vuelve automática.

La identificación de patrones emocionales

La manera más fácil de identificar patrones emocionales es a través de tus sentimientos. Mientras que el trauma, ya sea real o percibido, asienta el patrón inicial, situaciones similares desencadenarán el patrón, creando la oportunidad de perpetuarlo o sanarlo.

Todo lo que te molesta tiene una carga emocional. A medida que crece tu conciencia, tienes más recursos para manejar las situaciones de manera diferente, ya que vas aprendiendo de experiencias pasadas. Si eliges ignorar y suprimir los sentimientos, el problema tiende a magnificarse cada vez que se presenta.

La esencia de nuestro paso por la vida es tener experiencias para poder aprender, crecer y volvernos maestros. Las experiencias de las que más aprendemos son aquellas que nos llaman la atención. Para muchos de nosotros es doloroso tener que contemplar ciertas situaciones. Sin embargo, demasiado a menudo el trauma emocional produce más dolor del que podemos sostener así que lo bloqueamos de nuestra percepción consciente. Como se supone que tenemos que volvernos más sabios a medida que nos hacemos viejos y aprender de las experiencias de la vida, en algún momento, el trauma emocional sin curar sale a la superficie. ¿Por qué? Porque hay algo que tenemos que aprender. ¿Cuál es la lección básica? Que deriven del amor puro y no del miedo. Todas las emociones nacen del amor o del miedo. El miedo, en definitiva, es el resultado de la desconexión con la fuente espiritual propia.

En consecuencia, todos los caminos religiosos y espirituales apuntan a un ser espiritual supremo como la fuente de todo lo que existe. El objetivo de la conexión espiritual es que se refleje en la manera en la que vivimos nuestras vidas. Esencialmente, vivir espiritualmente alineados nos permite derivar del amor y expresar cualidades positivas de la vida.

El cuerpo guarda patrones emocionales sin importar el grado de conciencia. Como el cuerpo nunca miente y acumula la energía bloqueada, es un buen indicador de problemas emocionales no resueltos. A menudo, el primer indicador de un problema es el dolor (físico, emocional o ambos). Muchos problemas físicos tienen un componente emocional, especialmente cuando son crónicos. Algunas emociones son tan fuertes y evidentes que son muy fáciles de reconocer. Cuando este es el caso, puedes trabajar la emoción buscándola en la parte de Referencia emocional y empezar a liberarla.

A veces enterramos nuestras emociones y se almacenan en el cuerpo hasta que se acumula suficiente presión, produciendo dolor o una enfermedad en esa área[4]. Para identificar la emoción asociada a un área o dolor particular, localiza la zona en los cuadros del cuerpo y consulta cuál es la emoción asociada en Referencias según el cuerpo.

---

[4] *Feelings Buried Alive Never Die*, Carol Truman

Una vez que se identifica la emoción, se comprende su otra cara y se aprende la salida o la lección, hay que liberarla de la memoria celular. La doctora Caroline Myss[5] indica que el 70 % de las células del cuerpo necesitan moverse antes de hacer un cambio en una nueva dirección. Esto explica por qué se requiere más que una percepción consciente para que un patrón cambie. Aunque comprender el problema es importante, el cuerpo o la memoria celular necesitan captar el mensaje también, por lo tanto, también se precisa la repetición del procedimiento de limpieza.

Cómo identificar los problemas de raíz

Cuando identificamos un patrón emocional, la manera más efectiva de cambiar ese patrón es ser tan específicos como sea posible al buscar la raíz del problema. Si usas la prueba de los músculos para indicar el problema, que es una manera de conectar con tu subconsciente y está descrita en el último capítulo, encontrarás otras áreas cercanas relacionadas. El indicador de una emoción cercana, que no es el problema de raíz, es que sentirás los músculos "esponjosos" en vez de sólidamente fuertes o débiles. Ciertas emociones como la amargura o el odio se relacionan con problemas más profundos a los cuales nos referimos como *ver pasado* o *ver ira*. Si continúas explorando las emociones más profundas podrás localizar el problema de base, y trabajarlo te permitirá maximizar tu eficacia en el proceso. Sin embargo, hay emociones relacionadas con cada problema de raíz. Trabajar con las emociones que lo rodean te permite reducir la intensidad emocional.

Cómo lidiar con las emociones relacionadas

Cuando afrontamos un problema de raíz, debemos aplicar el aceite esencial y hacer la reprogramación emocional 18 veces al día durante siete semanas. Es normal que las emociones asociadas salgan a la superficie durante este proceso.

Si lo deseas, puedes añadir esas emociones relacionadas al trabajo y usar diferentes aceites antes de haber completado las siete semanas, o puedes trabajar esas emociones asociadas con el mismo aceite esencial. Por ejemplo, puedes empezar con *lavander* para remoldear el "miedo a la crítica" y añadir el "miedo al abandono" al proceso antes de que hayas acabado con la primera emoción.

Durante el proceso de limpieza puedes experimentar emociones que afloran de manera rápida e intensa. Si al usar el aceite aparecen más emociones de las que sientes que puedes soportar, toma un descanso y procesa las emociones en el periodo de tiempo que te haga sentir cómodo. Cuando estés listo para continuar, empieza donde lo dejaste. Las emociones que nos abruman normalmente indican emociones escondidas que también necesitan ser liberadas. Trabajar esas emociones en conjunto con los problemas de raíz a menudo reduce la aparición de esas otras emociones abrumadoras. A medida que los recuerdos y las emociones salen a la superficie, muchas veces resulta de ayuda escribir, caminar, meditar, hablar con una persona cercana o hacer ejercicio. Puedes encontrar más información sobre las técnicas de escritura en la parte de *Mejoras en la limpieza emocional*.

---

[5] *Why People Don't Heal And How They Can,* Caroline Myss. doctora.

LIMPIEZA DE PATRONES EMOCIONALES

Los patrones emocionales permanecen en la memoria celular y nos afectan física, mental y emocionalmente. Los patrones de cambio de conducta requieren:

1. **Entender el patrón emocional.** Esto incluye ver cómo la misma emoción se presenta en diferentes situaciones y cómo afecta tu vida, además de permitirte observar por qué estás experimentando problemas. Una vez que el patrón se ha entendido o el problema se ha definido, aparecerá el mensaje o la mejor manera de manejar la situación.

2. **Reconocer el problema** antes de que te veas en sumergido en él. Al entender la causa del problema, puedes lidiar con las situaciones de manera diferente. Básicamente, se ha aprendido la lección.

3. **Estar dispuesto y tener voluntad de cambiar.** Hasta que las ramificaciones o efectos de un comportamiento sean entendidos o experimentados, no hay necesidad, requerimiento o motivación para cambiar, lo cual explica por qué las situaciones empeoran y se deterioran a niveles intolerables antes de que la persona sea capaz de ver el patrón y su rol dentro de él. El cambio requiere tomar una nueva dirección, que implica esfuerzo y energía focalizada.

4. **Cambiar el patrón de energía emocional.** Un comportamiento automático o respuesta es un patrón de acción fija. Para hacer un cambio efectivo, la energía tiene que limpiarse de todas las partes del cuerpo: física, mental y emocional. Aprender la lección afecta al cuerpo espiritual; comprender el patrón aborda el cuerpo mental: el punto de alarma accede al cuerpo físico, mientras que los sentimientos se relacionan con el cuerpo emocional.

Limpieza de patrones

Para limpiar un patrón profundo debemos tomar conciencia sobre la lección y entenderla completamente, es decir, comprenderla. Limpiar el patrón emocional del cuerpo supone sentir la emoción y liberarla de la memoria celular del cuerpo. Se accede a las emociones almacenadas en las glándulas y los órganos a través de la acupuntura en los puntos de alarma, y se accede al sistema límbico a través del olor. Los aceites esenciales tienen una frecuencia vibracional que puede cambiar los patrones. Su uso en los puntos de alarma de la acupuntura envía una frecuencia directamente al órgano específico, y oler ese aceite libera el patrón emocional del sistema límbico del cerebro, además de proporcionar acceso directo a la memoria celular del cuerpo.

La liberación de patrones emocionales requiere:

1) identificar el patrón que está vinculado a la emoción;

2) entender el patrón (la cara opuesta de la emoción);

3) aprender la lección tras descubrir la manera de salir de la situación;

4) limpiar y reprogramar el patrón en la memoria celular del cuerpo (cambiando el ADN); y

5) liberar el patrón de la memoria, que se almacena en el sistema límbico del cerebro.

Qué esperar
El proceso de limpieza de patrones emocionales con aceites esenciales es muy delicado.

Los cambios a menudo son sutiles porque el cuerpo es capaz de liberar el programa de la misma manera en que llegó, paso a paso. Esta es la razón por la que la repetición es importante. La longitud del tiempo es inmaterial. Puedes hacerlo a tu ritmo, ya sea que lo hagas en 7 semanas o 7 meses, limpiar un problema de raíz depende de ti. Aprender cómo cambiar de la emoción negativa a la positiva hace que esos cambios sean permanentes.

Pronto te verás respondiendo ante las situaciones en vez de reaccionando. Generalmente esto da una sensación de paz interior, relajación profunda o apertura para que tu cuerpo respire. Notarás más flexibilidad, lo cual será evidencia de la manera en la que manejas las situaciones.

Las emociones, los recuerdos y la conciencia resurgen cuando tratamos de manejarlos. El proceso de limpieza empieza con una emoción dolorosa como el rechazo y te mueve a un estado positivo. Como la frase: "yo acepto todo lo que soy" te puede levantar el ánimo ante las respuestas de: "sí, pero" del comité de diálogo interno, el resultado final es un estado de aceptación. Mientras continúas con el proceso de repetición, en algún momento borras el viejo patrón de respuesta celular y lo reemplazas por el nuevo patrón de aceptación.

Nuestro reto es expresar amor a pesar de lo que la vida nos presente. El juego consiste en sobrevivir con nuestros mayores miedos como escenario. El miedo es la causa de los patrones emocionales, también conocidos como trastornos psicológicos, los cuales reflejan las lecciones que cada uno de nosotros debe aprender. Todos tenemos patrones emocionales, pero algunos de ellos nos retan más que otros. Algunos patrones son universales, y otros son más comunes en cierto tipo de personas que en otros. Hay un denominador común entre los grupos de personas, lo cual se refleja en su tipo de cuerpo, como el estereotipo de las personas obesas consideradas alegres y las personas delgadas vistas como más serias. La forma del cuerpo se determina por la glándula, órgano o sistema del cuerpo que es más dominante. Esta glándula dominante controla no solo la forma del cuerpo, sino los rasgos básicos de tu personalidad.

Los patrones emocionales se almacenan en el cuerpo junto con los mayores retos de la vida, relacionados con la glándula dominante que determina el tipo de cuerpo de cada persona. En el apartado *Puntos de conexión* puedes encontrar cómo determinar el tipo de cuerpo y los mayores problemas asociados con cada uno. Las siguientes experiencias típicas muestran el efecto que tiene la liberación emocional en la vida de las personas.

Experiencias típicas
Ira
Lane es un hombre de veintiséis años cuya glándula dominante y tipo de cuerpo es el timo. Los problemas principales o mayores retos de este tipo de cuerpo son el juicio y el control, mientras que la ira es su respuesta emocional dominante. Lane empezó a usar la mezcla de aceites *Purification* sobre los puntos de alarma del hígado y sobre las eminencias frontales, los puntos emocionales, siete veces al día a la vez que sentía las emociones de ira, luego risa, y afirmaba: "mi dirección es clara".

No había pasado ni una semana cuando vio cómo su guitarra favorita era arrojada y el estuche se partía durante el ensayo con su banda de música. La respuesta normal a una situación así hubiera sido una ira intensa hacia todas las personas de su alrededor, y perpetuada durante al menos una semana hasta que pudiera idear alguna solución.

Esta vez, se fue a casa y le dijo a su madre que estaba furioso porque su guitarra se había partido. En menos de una hora estaba en el garaje, había encontrado pintura negra y consiguió repararla y que el daño apenas se notara. Este incidente fue sucedido por situaciones similares en las que Lane fue no solo capaz de salirse rápidamente de su respuesta automática de ira sino de superar la emoción y encontrar una solución viable y razonable para todos.

Una vez que Lane acabó de usar el aceite de *Purification* durante tres semanas, surgió la frustración, emoción que se acumula en el conducto biliar. La "otra cara" de la frustración es el logro. La "salida" es: "me muevo más allá de mis limitaciones". Cuando acabó de usar aceite de *Lemon*, aplicado siete veces al día durante tres semanas, Lane se sintió listo para lidiar con el problema principal para el tipo de cuerpo Timo: el miedo al fracaso. La "otra cara" del miedo al fracaso es la revelación, y la "salida" es "acepto mi crecimiento". El punto de alarma es el timo y el aceite esencial es *Peppermint*.

Limpiar los patrones emocionales con "la salida" y los aceites esenciales permitió a Lane transformar los problemas de base y cambiar las respuestas emocionales con las que había lidiado toda su vida, además de integrar fácilmente los nuevos patrones en su ser, lo que dio por resultado una vida más cómoda y feliz.

Relaciones

Molly es una mujer de cuarenta años que ha trabajado mucho en su crecimiento personal, hizo psicoterapia por años. Hasta que ella no entendió completamente las dinámicas de sus relaciones, fue incapaz de romper con los patrones emocionales que la ataban. Molly empezó a usar *Lavander* en conjunto con la afirmación: "aprendo de todas las experiencias de la vida" para limpiar los problemas de abandono que se habían asentado profundamente.

Poco tiempo después, se encontró en una situación con su novio en la que se sintió obligada a expresar sus sentimientos en vez de mantenerlos guardados en su interior. A la mañana siguiente, se sintió empoderada y estupenda. Su novio quiso terminar la relación. Por primera vez en su vida, Molly fue capaz de decir con seguridad: "Si eso es lo que de verdad quieres y necesitas para ti, respetaré tu decisión". A pesar de que lo echaría de menos, sabía que era la decisión correcta y esta fue la primera vez que fue capaz de sobrellevar una ruptura sin conectar con sus problemas de abandono y suplicarle a su expareja que volviera. Molly atribuyó ese cambio a la limpieza del patrón emocional del abandono.

Enfermedad crónica

El cuerpo es un maravilloso indicador de lo que está pasando en la vida de una persona. Refleja lo que está viviendo emocionalmente, a pesar de lo que la mente hace para racionalizar o ignorar la realidad. El cuerpo de Tatiana respondió con la formación de tumores visibles. El primero apareció en 1989 en la planta del pie. Tatiana buscó ayuda médica convencional y le sacaron el tumor y una parte de su pie. Como bailarina profesional, se dio cuenta de que esto era una llamada de atención y acabó dejando un matrimonio poco saludable.

En 1996, después de unos cuantos años, cuando descubrió un par de tumores en la pierna, se dio cuenta de que necesitaba llegar a la causa del problema, no solo tratar los síntomas. Este fue el principio de su viaje hacia el desarrollo personal y la psicoterapia. Cuando los tumores aparecieron por tercera vez, en 1999, Tatiana identificó el detonante común. Cada vez que los tumores aparecían, ella estaba en una relación con un hombre con el que no podía ser ella misma. En el pasado, ella había dejado cada relación sabiendo que, a pesar del dolor emocional, era lo que tenía que hacer para sobrevivir.

Esta vez, Tatiana tenía otra herramienta, el conocimiento de cómo usar los aceites esenciales para liberar patrones emocionales. Ella reconoció varios patrones emocionales, usó los correspondientes aceites esenciales e implementó el proceso de limpieza. Tatiana usaba esporádicamente los aceites esenciales, excepto dos con los que era constante: *Release* para trabajar el miedo a que el amor no sea incondicional y *Lavander* para trabajar el miedo al abandono.

Cuando usaba *Lavander*, Tatiana se sorprendía al sentir cómo se disipaba el miedo al abandono. Este fue el primer momento en el que fue capaz de dejar una relación y sentirse completa. Consiguió hacer todo el proceso de ruptura sin llorar y volvió a lo que sabía que era lo mejor para ella.

Daniel, el hombre con el que mantenía su relación de pareja, decidió romper con ella porque Tatiana le estaba dando demasiada energía y él podía ver que eso estaba impactando su proceso de sanación. Ella lo estaba atrayendo para completarla y superar su miedo al compromiso. Tan pronto como Tatiana llegó a casa, empezó a aplicarse *Release* y *Lavander* y a decir la oración del perdón cada vez que pensaba en Daniel. Dijo la oración y se aplicó los aceites aproximadamente cada hora, y se quedó perpleja de lo bien que durmió aquella noche y lo bien que pasó los siguientes tres días.

La Oración del perdón es de la Dra. Roberta Herzog y ha sido añadida con su permiso. Más información en la sección de *Recursos*.

La ley del perdón

La ley del perdón viene de "La oración del Señor", la cual dice: "… y perdona nuestras ofensas, así como nosotros personamos a los que nos ofenden…" Esta es una ley universal… cuando perdonas y pides perdón a cambio, el karma de la situación se empieza a neutralizar.

Esto es lo que puedes hacer para ayudarte: cada mañana y cada noche, durante al menos 10 días o 2 semanas, cuando te levantas y antes de acostarte, siéntate y quédate quieto. Cierra los ojos. Imagina sonriendo y feliz al alma a la que quieres perdonar. Entonces dile a esa alma lo siguiente, en voz alta:

"_____, te perdono por *todo* lo que me has dicho o hecho en pensamiento, palabra o acción que me ha causado dolor, en esta o en otra vida. ¡Ahora eres libre, y yo soy libre! Y _____, te pido que *me* perdones por *cualquier cosa* que pueda haber dicho o hecho, en pensamiento, palabra o acción que te haya causado dolor, en esta o en otra vida. ¡Ahora eres libre, y yo soy libre! Gracias, Dios, por esta oportunidad de perdonar a _____ y de perdonarme a mí mismo".

"Sabrás" cuándo dejar de decir esta oración diariamente en cuanto sientas una *Verdadera liberación* en algún punto, dentro de un periodo de 10 a 14 días. Esa liberación puede empezar con llanto, risa, un sentimiento de bienestar... o nada. También te darás cuenta de que *has cambiado por completo la actitud hacia esta alma* y que la *actitud de esa alma hacia ti también cambiará*. Ahora empezarás a ver cuál es el problema real, empezarás a *trabajar con ese karma* y a neutralizarlo, liberándote del dolor, siendo más feliz y más sano, y sentirás más paz en la mente, el cuerpo y el espíritu.

Tatiana se dio cuenta de que había estado intentando completarse a sí misma con otra persona. Su creencia era: "Si te doy lo que yo quiero, me querrás. Si te completo dándote relaciones sexuales satisfactorias, tú me completarás y me cuidarás". Tatiana entendió que ella no necesitaba una relación sexual para sentirse completa, sino que necesitaba tomar responsabilidad de ella misma, y añadió aceite *Birch*. Una vez que ella fue capaz de cambiar el enfoque y dejar de verse como media persona para ser una persona entera, cambió su experiencia con Daniel. Continuaron saliendo y Tatiana se percató de que eran dos energías completas y se juntaron para crear una tercera energía.

Al ser un tipo de cuerpo Estómago, el aceite de *Peace & Calming* fue de gran ayuda para trabajar su miedo a perder el control. El abandono durante una enfermedad o crisis es un miedo que Tatiana ha acarreado desde que tiene memoria. Una vez que reconoció el profundo efecto que *Lavander* tuvo en su problema de abandono, Tatiana fue capaz de redirigir otras cuestiones y permitir que fueran liberadas suavemente. Ahora Tatiana sabe que ha aprendido la lección de mantener el compromiso de cuidarse, y ha cambiado el patrón celular que llevó a su cuerpo a la formación del tumor.

Abundancia

Pete, un contratista autónomo de cuarenta y cinco años, de tipo de cuerpo Suprarrenal, quería trabajar en la abundancia. Al ser autónomo, tenía la responsabilidad de obtener trabajos para él y su equipo. Empezamos a hacerle las pruebas de la abundancia que, al igual que la prueba de la escasez, dieron negativas. Al buscar las emociones subyacentes, encontramos el fracaso. El miedo al fracaso se almacena en el timo. La otra cara del fracaso es la revelación, y la manera de revelarse incluye afirmar "yo acepto el crecimiento". Para Pete, el modo más rápido de cambiar ese patrón fue aplicar el aceite *Peppermint* experimentar los sentimientos y decir la frase "yo acepto el crecimiento" 7 veces al día durante 7 semanas.

Después de 3 semanas, Pete tenía dos nuevos proyectos que lo mantendrían activo hasta el final del año, además de sus trabajos habituales. Se dio cuenta de que tener más trabajo suponía contratar a más personas, y dejó de usar *Peppermint* por un tiempo. Decidió que volvería a usarla cuando estuviera preparado para aceptar más crecimiento en otras áreas de su vida.

Lista para el cambio

Tanya se dio cuenta de que estaba en una relación verbalmente abusiva con Suzie, la hija adolescente de su marido, el cual le echaba la culpa al divorcio de no haber podido disciplinar a su hija. No ayudaba a Tanya ni la defendía ante la ira y el abuso verbal de Suzie.

Tanya ya había experimentado la disfunción en su vida y se dio cuenta de que la única manera de que una sanación real ocurriera era cambiando sus patrones limitantes. Empezó seleccionando dos aceites, *Purification* para la ira y *SARA* para el abuso, ambos conectados con sus problemas de raíz, y los usó 18 veces al día durante 7 semanas, además de un tercer aceite: *Release*, que usó 10 veces al día durante 7 semanas para trabajar la pérdida de identidad y el miedo al éxito. Esto era como tener un trabajo a tiempo completo y un pequeño reto cuando llevaba vestidos largos o un *body*, ya que uno de los mayores problemas era la ira (cuyo punto de alarma es el hígado) y el otro la pérdida de identidad (con el útero como punto de alarma)

La primera semana, Tanya solo se aplicó los aceites 10 veces al día en vez de 18. Al darse cuenta de que no se había estado valorando, incrementó el número de gotas a 18. Repitiendo el patrón negativo/viejo seguido del positivo/nuevo y de la afirmación, logró ser consciente de sus patrones de pensamiento diario. Entendió la dirección que debía tomar para llegar a donde quería estar y lo que había estado haciendo para quedarse estancada. El antiguo patrón de hacer un poquito de todo sin foco se asociaba con su miedo a completar procesos. Este y otros patrones relacionados salieron a la superficie de manera delicada, a un ritmo que ella fue capaz de manejar. Dedicada a alcanzar un nuevo estadio en su vida, Tanya era consciente de lo bien que se sentía al cuidarse, y continuó haciéndolo durante 7 semanas. La nueva claridad y conciencia le permitieron empezar una carrera.

Tanya fue educada para ser altruista y servir permanentemente. Durante el proceso, se aletargó. Al utilizar los aceites, inmediatamente notó que, de manera calma y eficaz podía manejar situaciones en las que anteriormente hubiera reaccionado desde la emoción, especialmente con dos adolescentes en la casa. Tanya fue capaz de responder racionalmente, en vez de reaccionar emocionalmente al estrés, lo que le permitió mantener la paz para que pudiera abandonar la discusión en vez de quedarse enganchada en ella. Al tener un tipo de cuerpo Pulmones, el cual es extremadamente sensible a las emociones, podemos decir que fue un logro extraordinario. Tanya fue ganando claridad, autoconocimiento y fuerza. Al expresarse de manera amorosa y firme, sus familiares entendieron mejor cómo se había sentido y desarrollaron un mayor respeto hacia ella. Al ser una persona emocional por naturaleza, limpiar la negatividad alrededor de sus problemas base le permitió conectar con sus verdaderos sentimientos y, por ende, ser honesta consigo misma.

Después de su proceso intensivo de 7 semanas, el propósito de Tanya es ser más clara y decidida cuando la vida presenta oportunidades de experimentar y expresar sus dones y talentos. Cada vez es más consciente de lo que de verdad quiere hacer. Por primera vez en su vida ha encontrado su fuerza interior y su centro, y se logró integrar todos los aspectos de su ser. Se ha dado cuenta de quién es y cómo su respuesta a las situaciones afecta a su familia y a cada persona con la que se relaciona. Mientras que ella sea consciente del estado emocional de las personas que la rodean, ya no tendrá que reflejar las emociones de los demás. Por primera vez en su vida, es libre.

Ayudar a un compañero

Elaine y Bob tienen una relación buena y amorosa. A pesar de que se apoyan mutuamente de manera excepcional, a veces Elaine siente que Bob no la escucha. Le ha pedido en repetidas ocasiones que, por favor, le abra la puerta del baño cuando se levante. Ella la cierra para no despertarlo con el ruido del secador, el cual no permite que ella oiga cuando él se levanta, pero acaba haciendo mucho calor en el baño. A pesar de que repetidamente él le promete que lo hará, nunca se acuerda. Otro problema es que la gata está envejeciendo y es quisquillosa con la comida. Elaine le ha pedido a Bob innumerables veces que no le dé mucha comida porque la deja. Bob sigue dándole demasiada comida y cuando Elaine se lo recuerda, siente que lo está agobiando. Aunque Elaine solo necesita una persona que la escuche y a quien pueda explicar sus frustraciones, Bob se molesta, hasta mostrando ira a veces, y esto deja a Elaine con la sensación de que no puede expresar sus sentimientos delante de él. Hablar sobre este patrón de comportamiento no ha solucionado nada; solo ha traído más frustración y ha agravado el problema.

Al hablar con Elaine, le pregunté cuál pensaba que era el problema subyacente con Bob. Ella lo relacionaba con un sentimiento de no poder ayudar, como cuando la madre de Bob o sus amigos en Vietnam se estaban muriendo. La emoción debajo del sentimiento de no poder ayudar es sentirse *agobiado*. La otra cara del *agobio* es la *visión* y la manera de llegar ahí es con la frase "Enfoco mi energía". El aceite es *Envision* y el punto de alarma es el punto de la visión, cerca de los ojos. Elaine compartió su descubrimiento con Bob y le dio el aceite de *Envision*. Se fijó que Bob había puesto la frase con las emociones en su espejo. Al cabo de dos días, Elaine le dijo a Bob: "esto está funcionando". La gata no tenía demasiada comida, la puerta estaba abierta y la comunicación entre ambos era libre y franca. Bob no se dio cuenta del cambio hasta el quinto día. No hace falta decir que Bob continuó usando el aceite y liberó el patrón.

LA LIMPIEZA DE PATRONES EMOCIONALES

Un patrón emocional puede ser identificado por la emoción en sí o por el área del cuerpo donde se siente molestia o dolor. La Referencia emocional muestra las emociones (las dos polaridades), los puntos de alarma del cuerpo y los aceites esenciales a utilizar para limpiar los patrones emocionales. Puedes encontrar los puntos de alarma del cuerpo en los *Cuadros de referencia*.

La mayoría de las palabras en la lista de emociones pertenecen a la polaridad negativa. Las que son positivas se refieren a tener miedo -como tener miedo al amor, a no ser amado, o no ser amable.

Para limpiar un patrón emocional, empieza por:

1) Identificar la emoción o el sentimiento. Esto lo trae a la conciencia atenta.

2) Una vez identificada, tanto la emoción como el patrón de pensamiento que la crearon necesitan ser entendidos.

3) Después mira a "la otra cara" -o emoción positiva-, la cual es el regalo o la expresión de la emoción.

4) "La salida" es la frase o afirmación que proporciona una manera de cambiar de energía negativa a positiva. Se enfoca en la esencia de la lección de manera que puede ser fácilmente vista y entendida. Una vez que se conoce "la salida" de la emoción negativa, es fácil dejar ese estado emocional no deseado. Una vez que la emoción negativa ha perdido el dominio y la lección se ha aprendido, la situación en la vida que se relacionaba con ella tiene libertad para cambiar. Si la emoción negativa o la situación reaparecen, las herramientas están en su lugar para hacer un cambio rápido de atención y enfoque. Esto permite una situación de empoderamiento personal desde la cual se puede escoger.

Para limpiar patrones emocionales arraigados profundamente, deberás liberar esos patrones y remplazarlos por la respuesta deseada. Cambiar un patrón es como llenar una ranura, cuanto más profunda sea, más a menudo tienes que conectar con el lado positivo de la emoción. Cuanto más profundo sea el patrón emocional, con más frecuencia tienes que relacionar las dos caras de la emoción y establecer un patrón nuevo.

5) El siguiente paso es liberar el patrón de la memoria celular. Esto se logra oliendo el aceite esencial y después aplicándolo en los puntos de alarma y en los puntos emocionales. Para activar un aceite esencial, pon una gota en la palma de tu mano no dominante y gíralo tres veces en el sentido de las agujas del reloj con la otra mano. Después, aplícalo en los puntos de alarma y emocionales. Si te queda aceite, tal vez quieras aplicarlo en los puntos de Liberación y Filtración tal y como se describe a continuación.

Las frecuencias típicas de aplicación son 1, 3, 7, 10 o 18 veces al día durante 1, 3 o 7 semanas. Se pueden tratar diferentes emociones, una seguida inmediatamente de la otra. Cuando se requieren diferentes aceites, pueden ser aplicados en capas, lo que significa que un aceite puede aplicarse encima del otro, cada 15 minutos si es necesario, o antes y después del trabajo, o cuando puedas centrarte en esas emociones. Si sientes que no puedes usar el aceite con tanta frecuencia como te gustaría o necesitas tiempo para procesar las emociones, puedes extender la duración de las aplicaciones.

Puntos de liberación y filtración

El punto de liberación se encuentra sobre la médula espinal en la base del cráneo y ayuda a liberar el patrón emocional, mientras que los puntos de filtración se encuentran a ambos lados de la nuca y se usan para filtrar energías que devolverían a la persona al antiguo patrón emocional. Estos puntos de mejora adicionales pueden utilizarse de manera periódica una vez que el aceite esencial se ha aplicado en los puntos de alarma y en las eminencias frontales.

Sensibilidad a los aceites
Algunos aceites esenciales son fuertes y pueden irritar la piel sensible, especialmente en la cara y la frente. Si experimentas una sensación de escozor o sequedad, diluye el aceite esencial añadiendo V6 u otro aceite vegetal a la gota que tienes en la palma de tu mano. Si experimentas alguna dificultad con los aceites esenciales, simplemente huele el aceite, toca el punto de alarma y los puntos emocionales mientras sientes la emoción y dices la afirmación.

Algunos aceites, como, por ejemplo, *Lemon*, pueden causar quemaduras en la piel al exponerse a la luz del sol ya que es un aceite fotosensible. Usa estos aceites con precaución, oliéndolos en lugar de aplicándolos.

Cuando tienes dificultades en el uso del aceite, una vez que ha sido aplicado inicialmente, a menudo es efectivo simplemente decir la afirmación y conectar con la emoción.

El elemento más importante es tu intención. Conecta con los sentimientos y concéntrate en la afirmación. Algunas veces, la afirmación no será clara. A medida que trabajes con ella, un nuevo grado de conciencia surgirá. Este es un proceso de aprendizaje y desarrollo.

Trabajar con niños pequeños
Como mamá o papá, puedes aplicar el aceite para la determinada emoción en los puntos de acupuntura de los puntos de alarma y emocionales diciendo las emociones y la afirmación. Este proceso es particularmente efectivo cuando ambos, la persona adulta y el niño o niña trabajan en el mismo problema, ya que muchas veces los niños representan lo que inconscientemente les está pasando a los padres.

El objetivo es enseñar a los niños y niñas a cambiar emociones negativas por expresiones positivas. Una de las emociones más comunes es la ira, la cual normalmente estalla cuando los pequeños no se salen con la suya. El aceite para la emoción de la ira es *Purification*. La manera más fácil de acceder al punto de alarma del hígado es a través de las manos. Aplicar el aceite normalmente cambiará la ira en cuestión de minutos.

Para patrones más profundamente arraigados, una actividad física que no dañe a nadie como ir afuera y darle patadas a la tierra transformará la ira en risa. La clave es que la persona adulta y el niño o niña se embarquen en una actividad física simple y tonta, y antes de darse cuenta estarán riéndose.

Otra emoción común es el daño. El aceite es *Passion* y la otra cara es la creatividad. Para dar una asociación física, dale al niño o a la niña un papel de color y sugiérele que haga una pelota, una campana o una flor. Guarda las creaciones en una cesta donde se puedan ver. Esto demuestra cómo el daño puede transformarse en creatividad, lo cual acaba valiendo la pena y es un paso muy importante en la construcción de la autoestima.

Ayudar a los demás
Cuando surgen emociones como la ira, por ejemplo, empieza diciendo "siento ira". Luego huele el aceite de *Purification* y aplícatelo. Nombra la otra cara de la emoción, que es la risa, y di la afirmación: "Mi dirección está clara". Comparte el aceite con las personas a tu alrededor. Sin importar lo que esas personas decidan hacer, la situación cambiará.

Puede que ya seas consciente de algunas emociones subyacentes que la persona a la que estás ayudando es incapaz de manejar por sí misma. Puedes usar el aceite asociado con la emoción y hacer un masaje en los pies o sobre el área del cuerpo donde se encuentra el punto de alarma. Las emociones pueden nombrarse junto con la afirmación "la salida". Para mejorar el proceso, el aceite relacionado con las emociones dominantes puede ser añadido al difusor al lado de la cama.

CÓMO DESCUBRIR LA EMOCIÓN

Hay varias maneras de identificar las emociones. Como están interrelacionadas, puedes trabajar una o varias, ya que todas se superponen. Usa como punto de partida la más predominante en el momento determinado.

1. Identifica la emoción

    Consulta la sección *Referencia emocional* y encuentra la emoción.

2. Determina el área de dolor, presión o molestia en el cuerpo.

    Usa los *Cuadros de referencia* para ver los puntos de alarma del cuerpo.

    Consulta la *Referencia según el cuerpo* para hallar la emoción.

    Luego, consulta la *Referencia emocional*.

3. Busca el aceite. Posiblemente te sientas atraído a un aroma en particular.

    Consulta la *Referencia según el aceite* y busca la emoción que se relaciona con lo que está pasando en tu vida.

4. Puntos reflejos en el pie o la oreja.

    Busca los puntos sensibles y el punto de alarma en el cuerpo o la emoción relacionada.

5. Tipo de cuerpo: Determina tu tipo de cuerpo y encuentra los problemas básicos relacionados.

    Selecciona los que tienen la mayor carga emocional.

6. Rasgos dominantes: Busca las principales áreas de fortalezas y retos.

    Selecciona los que te gustaría respaldar.

7. Comunícate con tu cuerpo escuchando lo que tiene para decirte en una meditación, o preguntándole con métodos más tangibles, como la radiestesia, la prueba muscular o el test del movimiento corporal.

CÓMO DESCUBRIR TU TIPO DE CUERPO

Tu glándula dominante, órgano o sistema determinará tu tipo de cuerpo. Naces con esta característica, y permanece a lo largo de tu vida. Es tu glándula dominante la que determina en qué parte del cuerpo engordas, ciertas características físicas, el tipo de comida que se te antoja cuando tienes poca energía, e incluso los rasgos de tu personalidad que derivan en problemas emocionales centrales. Las personas con el mismo tipo de cuerpo se dan cuenta de que se encuentran con los mismos problemas de base en la vida. Estos retos presentan la oportunidad de crecer tanto emocional como espiritualmente.

Existen 25 tipos diferentes de cuerpos, cada uno con sus patrones alimenticios y distintas personalidades. Tu perfil de personalidad literalmente condensa 20 años de autodescubrimiento en 4 páginas. Incluye lo que te motiva, cuáles son tus rasgos de personalidad y cómo se expresan en su "peor" y "mejor" forma, lo que representa tu potencial comparado contigo mismo, no con otra persona. **Liberación de patrones emocionales con aceites esenciales** se ha escrito para proporcionar una manera de transmutar "las peores" características en "las mejores".

Los 25 tipos de cuerpo están divididos en cuatro cuadrantes que se basan en tus puntos de conexión. Los puntos de conexión son los dos rasgos dominantes que son inherentes a tu ser. Naces con ellos; son tus sistemas predeterminados, de los que dependes cuando estás estresado. Tus rasgos dominantes serán **Mentales** o **Emocionales,** por un lado, y **Físicos** o **Espirituales,** por el otro. Las siguientes páginas te van a ayudar a identificar tus dos rasgos dominantes. Habiendo identificado tus rasgos dominantes, puedes explorar los tipos de cuerpo dentro de tu cuadrante, tal y como se describe en las páginas a continuación. Una vez descubierto tu tipo de cuerpo, puedes revisar los problemas emocionales centrales que se asocian. Aunque todas las personas sentimos todas las emociones, algunas de ellas nos presentan más desafíos que otras. Encontrarás que los problemas emocionales centrales son los que te hacen tropezar y la raíz de múltiples desafíos y emociones que te limitan constantemente.

Algunos tipos de cuerpo tienen rasgos dominantes que están tan cerca del centro que pueden ser difíciles de distinguir. El siguiente cuadro traza los 25 tipos de cuerpo relacionados entre sí. Te darás cuenta de que algunos tipos de cuerpo, como el Adrenal, Timo o Estómago están en el borde del cuadrante **Mental/Físico**. Los cuerpos en este extremo de la polaridad **Mental/Física** generalmente se identifican con estas características, mientras que puede ser más difícil marcar la diferencia para los cuerpos de tipo Linfa, Sistema Nervioso y Médula. El objetivo es incorporar las partes no manifestadas de nosotros mismos (en este caso, la parte **Emocional/Espiritual**) en nuestro ser. Esto también nos permite crecer, volvernos personas más auténticas y expresar mejor nuestra verdadera naturaleza: nuestra "mejor" cara. También nos permite ser más compasivos y comprensivos con los demás, así como con nosotros mismos. Atraemos a nuestra vida a personas de diferentes cuadrantes para aprender a ver el mundo desde otra perspectiva y, en muchos casos, modificar, moderar o suavizar nuestros puntos de vista inflexibles.

CUADRANTES DE RELATIVIDAD DE LOS TIPOS DE CUERPO

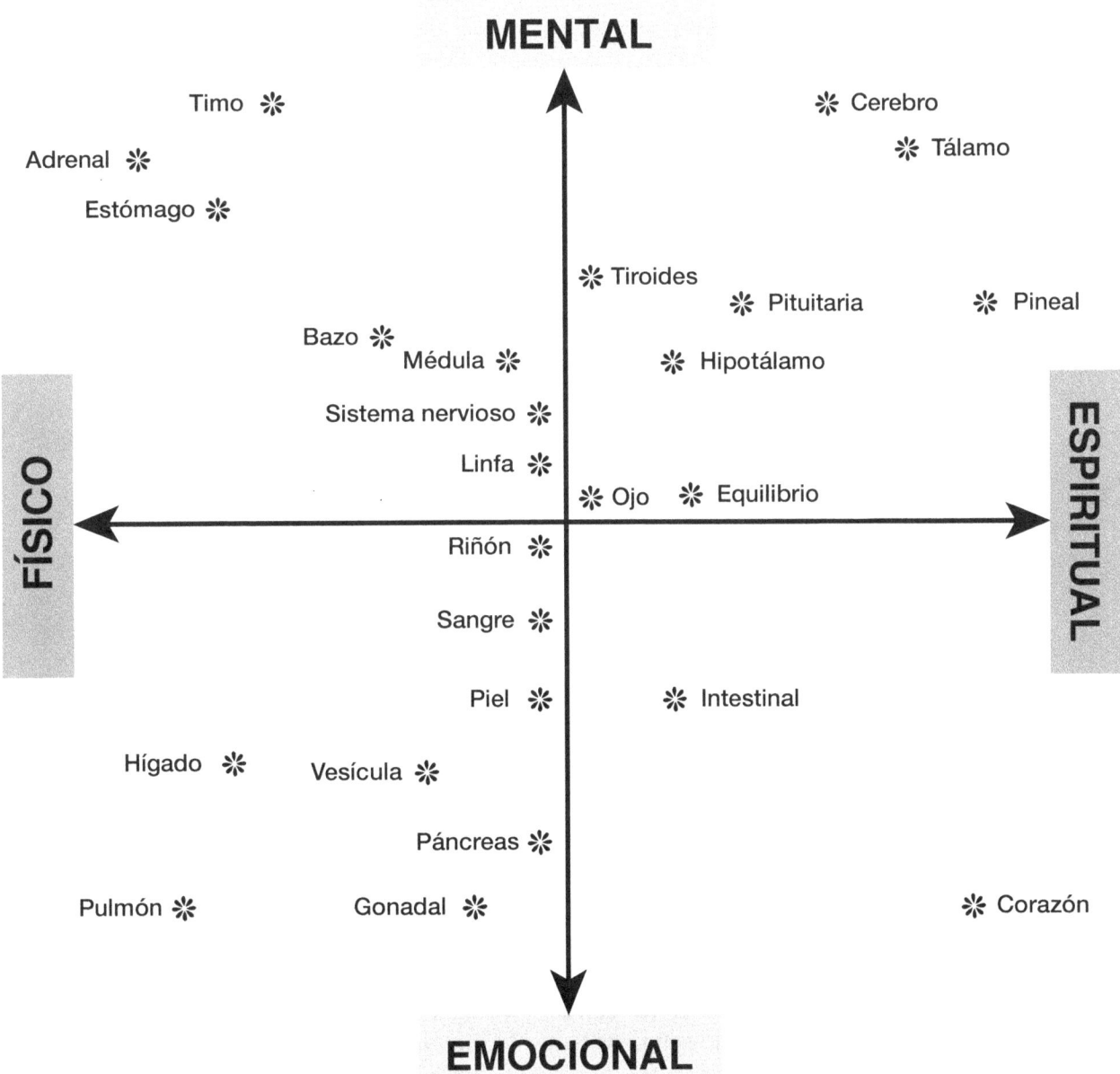

Para más información acerca de tu tipo de cuerpo e información alimenticia, consulta mi libro *Different Bodies, Different Diets* o mi página web **www.bodytype.com**, donde puedes tomar la prueba y determinar tu tipo de cuerpo.

PUNTOS DE CONEXIÓN

Conocer tus rasgos dominantes te ayudará a determinar cuáles son los aceites que te beneficiarán de manera constante.

Los rasgos dominantes son tus "puntos de conexión" y te llevarán a tu área de mayor desequilibrio. Existen cuatro rasgos: mental, emocional, físico y espiritual, dos de los cuales serán más fuertes o dominantes. Cada persona tiene una conexión más fuerte con su mente (Mental) o con sus emociones (-Emocional). Habrá también una conexión más fuerte entre los aspectos Espirituales (intuitivos), o Físicos. Los más fuertes son los que parecen más reales, con los que te sientes más cómodo. Los otros dos rasgos están presentes en mayor o menor grado. Determinar qué tan familiares te resultan dependerá de lo bien que los hayas integrado.

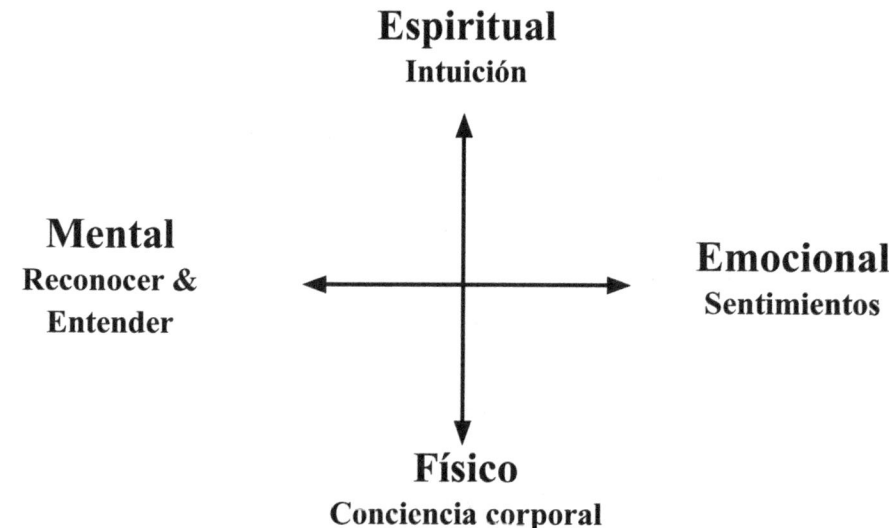

Combinaciones de rasgos dominantes

Has nacido con dos rasgos dominantes. El desafío es hacer más fuertes los rasgos débiles e integrarlos y equilibrarlos con los dominantes. Una vez que hayas identificado tus rasgos dominantes, observa cómo se reflejan en tu vida. ¿Hay uno hiperactivo que necesita que lo relajes o hay alguno demasiado débil que necesita que lo refuerces? Un rasgo dominante puede ser hiperactivo, lo que significa que ha de ser relajado, calmado o sedado. A veces, el rasgo complementario necesita ser reforzado o estimulado. Las palabras y preguntas en las siguientes dos páginas han sido incluidas para ayudarte a determinar tus rasgos dominantes o "puntos de conexión".

Los "Puntos de conexión" son las áreas con las que más te identificas. El objetivo es conectar e integrar los puntos opuestos. Cuánto más hayas hecho para desarrollar tu rasgo recesivo, más difícil será distinguir tu tendencia más fuerte. *Si has integrado tu lado opuesto, recuerda un momento antes de que tomaras la decisión de desarrollar tu rasgo recesivo.*

Para determinar tus "puntos de conexión", mírate con honestidad. Con las afirmaciones y las palabras, selecciona el conjunto que se relaciona con tu naturaleza básica. *Responde de acuerdo con tus sentimientos, no con lo que te enseñaron.* Recuerda, ninguno es más importante que otro.

RASGO MENTAL vs. EMOCIONAL

En última instancia, ¿en qué sentido confías: en el mental o emocional? Esta es generalmente tu primer impulso y tu influencia más fuerte. Cuando encaras una situación difícil, ¿confías más en tu habilidad de pensar lógicamente (mental) o en tu intuición (emocional) para lidiar con ella? Las palabras y afirmaciones a continuación son los atributos de cada aspecto. Escoge los que mejor reflejen tu naturaleza básica o tendencia.

Pensar	Sentir
Confiar en la mente	Confiar en los sentimientos
Lógica	Intuición
Enfocar	Soltar
Al grano	Expansivo
Lineal	Fortuito
Paz	Calidez
Ambición	Compromiso
Pasión	Creencia
Impulso	Acción
Mi respuesta inicial es pensar primero sentir después.	Mi respuesta inicial es sentir primero, pensar después.
En casa, respondo mejor a peticiones razonables.	En casa respondo mejor a peticiones directas.
Tiendo a lidiar con mis sentimientos y los de otras personas con desapego y desde un punto de vista analítico.	Tiendo a sumergirme en mis sentimientos y en los de las demás personas.
Prefiero conversaciones lógicas, ordenadas y no emocionales.	Prefiero conversaciones relacionadas con el aspecto emocional.
Mi aspecto dominante es el mental.	Mi aspecto dominante es el emocional.
MENTAL	**EMOCIONAL**

¿Eres más Mental o Emocional? ¿O eres del tipo Emocional que no demuestra sus sentimientos?

FÍSICO vs. ESPIRITUAL

¿Te relacionas o identificas más con tu cuerpo o con tu espíritu? ¿Eres un espíritu con cuerpo o un cuerpo con espíritu? Si te identificas más con tu cuerpo, tu realidad está asociada directamente con tu cuerpo físico, tu fuerza o tu presencia física. Si te identificas más con tu espíritu, tu realidad se caracteriza por la intuición y una precaución física. Las personas con una conexión espiritual fuerte a menudo lidian cautelosamente con situaciones desconocidas y experiencias físicas, mientras que las personas más "físicas" saltarán de lleno.

Selecciona las palabras que más te atraen y las afirmaciones que mejor describen tus tendencias naturales.

Robusto	Frágil
Suelo	Aire
Sólido	Delicado
Tierra	Cielo
Literal	Etéreo
Científico	Mágico
Anclado	Flotante
Visible	Oculto
Entorno	Universo
Arraigado	Flexible
Tangible	Invisible
Manifestación	Idea
Sensorial	Sensible
Preciso	Conceptual
Fáctico	Intuitivo
Prefiero que la vida sea ordenada y literal.	Prefiero que la vida fluya con naturalidad
Prefiero escuchar una idea varias veces antes de probarla.	Me encanta probar nuevas ideas y conceptos inmediatamente.
Veo los detalles antes que el todo.	Veo el todo antes que los detalles.
Soy un cuerpo con espíritu.	Soy un espíritu con cuerpo.
FÍSICO	**ESPIRITUAL**

¿Tu rasgo dominante es el físico o espiritual? Selecciona el que refleja la naturaleza de tu infancia.

RASGOS DOMINANTES

Una de las maneras de determinar tus problemas de base consiste en observar la emoción almacenada en la glándula, órgano o sistema que se relaciona con tu glándula dominante o tipo de cuerpo. Los 25 tipos de cuerpo[6] pueden dividirse en 4 cuadrantes según sus rasgos dominantes.

FÍSICO / MENTAL
- Suprarrenal
- Linfático
- Médula
- Sistema Nervioso
- Bazo
- Estómago
- Timo

ESPIRITUAL / MENTAL
- Equilibrio
- Cerebro
- Ojo
- Hipotálamo
- Pineal
- Pituitaria
- Tálamo
- Tiroides

FÍSICO / EMOCIONAL
- Sangre
- Vesícula
- Gónadas
- Riñón
- Hígado
- Pulmón
- Páncreas
- Piel

ESPIRITUAL / EMOCIONAL
- Corazón
- Intestino

---

[6] *Different Bodies, Different Diets,* con el 25 Body Type System™ de Carolyn L. Mein, doctora quiropráctica 1998

RASGOS

NOTA: Cada cuadrante contiene diferentes tipos de cuerpo. Algunos de ellos expresarán el extremo de un rasgo mientras que otros estarán muy cerca al rasgo opuesto, lo cual dificulta estar completamente seguros de nuestra elección. Por ejemplo, aunque ambos están en el cuadrante Físico/Mental, el cuerpo tipo Timo se relaciona estrechamente con los rasgos del Físico, mientras que el cuerpo tipo Linfático gravita más hacia los rasgos del cuadrante Espiritual. Aunque los Linfáticos siguen siendo Físicos, usan la actividad física para moverse hacia la unidad espiritual. A medida que leas los rasgos, la manera en la que tu tipo de cuerpo se expresa se hará evidente.

Expresiones del cuadrante

FÍSICO/MENTAL
El mundo tangible es la realidad. Necesitan tocarla y entender cómo funciona para que sea real. Físicamente fuertes y mentalmente enfocadas, estas personas pueden conseguir cualquier cosa que se propongan.

ESPIRITUAL/MENTAL
Su realidad comprende las ideas, ideales y conceptos. Su fortaleza es descubrir cómo sintetizar reflexiones y porciones de información y expresarlas en una forma física para el bien de la humanidad. No se centran tanto en la socialización sino en sus tareas.

FÍSICO/EMOCIONAL
Las emociones y los sentimientos expresados físicamente son su realidad, por lo que la familia y las relaciones sociales son su máxima prioridad.

ESPIRITUAL/EMOCIONAL
Extremadamente sensibles en sus rasgos espirituales y emocionales, estos tipos de persona generalmente aprenden a centrarse en los rasgos físicos y mentales desde edades muy tempranas para poder sobrevivir. Su poder reside en el uso de sus fortalezas.

El desafío y el objetivo de todas las personas es desarrollar e integrar los rasgos no dominantes o la otra cara. Para ayudarnos, atraemos a personas cuyas fortalezas son diferentes a las nuestras. Los rasgos en los que trabajas son los que estás desarrollando, no los que ya posees. Aunque hay dos rasgos, uno puede ser más fuerte que el otro, dependiendo del enfoque de tu vida. Por ejemplo, un hombre Tiroide que se ha centrado en el aspecto mental de su vida puede tener dificultades para identificarse con el lado espiritual. En este caso, su deseo debería consistir en desarrollar su rasgo recesivo dominante, además de los no dominantes. Las expresiones bloqueadas generalmente se dan en los rasgos Espiritual y Emocional.

RASGOS INDIVIDUALES SEGÚN EL TIPO DE CUERPO

RASGOS BAZO
Los rasgos dominantes del tipo de cuerpo Bazo son Físico y Mental Son los más felices cuando se sienten seguros. Como son físicos, la seguridad necesita ser tangible, como una casa grande, dinero en el banco, un proyecto viable o tener a alguien presente físicamente. Con su fuerte enfoque mental, son excelentes organizadores y tienen la tenacidad para ver que incluso los eventos grandes salen bien.

RASGOS CEREBRO

Los rasgos dominantes del tipo de cuerpo Cerebro son Espiritual y Mental. Están más felices cuando saben a dónde van. Con un fuerte rasgo mental, les resulta fácil recopilar información mientras que su lado intuitivo espiritual les sirve para llenar posibles vacíos. Saber a dónde van les permite sentirse a salvo y les da propósito al ofrecer al mundo lo que han recopilado. Al exponerse a experiencias físicas y emocionales, esta apertura al mundo les permite crecer.

RASGOS CORAZÓN

Los rasgos dominantes del tipo de cuerpo Corazón son Espiritual y Emocional. Son muy conscientes y sensibles a los estados emocionales de las personas a su alrededor. Las personas Corazón se sienten mejor cuando su ambiente está en paz. La desarmonía les incomoda tanto que necesitan hacer o decir algo para cambiar la energía. Cuando eso no resulta efectivo o apropiado, se retiran físicamente de ese espacio y crean uno nuevo, invitando a los demás a que se cambien a su estado energético.

RASGOS ESTÓMAGO

Los rasgos dominantes de los cuerpos tipo Estómago son Físico y Mental. A las personas Estómago les encantan los desafíos; cualquier desafío les sirve ya que su plenitud proviene de los logros que consiguen. Su fuerte enfoque mental y el poder físico que conlleva les hace sentir pasión por cualquier reto dentro de su atención. Su deseo de agradar abre la puerta a la sensibilidad emocional. Conectar con su lado espiritual centra su tremenda energía mental y física.

RASGOS EQUILIBRIO

Los rasgos dominantes de Equilibrio son Espiritual y Mental. El tipo de cuerpo Equilibrio florece con las aventuras, y cree que las personas son la mejor aventura. Su rasgo mental dominante ofrece rapidez intelectual, mientras que el aspecto Espiritual brinda sensibilidad y compasión hacia los demás. Les encanta estar sobre el escenario, ya que sienten que entretener es una aventura creativa, expresiva y social.

RASGOS GÓNADAS

Los rasgos dominantes de los cuerpos tipo Gónadas son Físico y Emocional. Ser alegres les ofrece un entorno ideal para expresar el amplio espectro del lado positivo de sus emociones con las personas a las que aman. Son muy verbales y sensibles a las emociones de los demás, lo que los lleva a su propia volatilidad emocional. Los Gónadas se motivan por la belleza, así que les importa tener buen aspecto y hasta pueden llegar a incluir la imagen del macho fuerte y orgulloso. Su fortaleza reside en ver la belleza y apreciar la de los demás. Para ellos, es más fácil acceder a la verdadera belleza interior desde la alegría.

RASGOS HÍGADO

Los rasgos dominantes del tipo de cuerpo Hígado son Físico y Emocional. Los Hígado son excelentes maestros. Con base emocional, apoyar o ser apoyados por las personas de su alrededor los motiva a aprender lo que la vida presenta. Se destacan cuando unifican la vida, combinan las cosas para que fluyan y comparten la sabiduría obtenida de una generación a otra.

RASGOS HIPOTÁLAMO

Los rasgos dominantes del cuerpo Hipotálamo son Espiritual y Mental. Un desafío ofrece al Hipotálamo el enfoque necesario para ahondar en ellos mismos y sumergirse en un esfuerzo que acabará desarrollando otra habilidad para compartir con el mundo. Su fuerte mente analítica e intuición sensible les permite ser muy buenos en la creación de compañías, imperios financieros o un tipo de vida que les beneficia primero a ellos y luego al resto de la humanidad.

RASGOS INTESTINO

Los rasgos dominantes del cuerpo Intestino son Espiritual y Emocional. La expansión es absolutamente esencial. Si este tipo de personas no se expande mental o emocionalmente, lo hará físicamente. Las restricciones motivan a estas personas a cambiar, forzándolas a salir de una situación insostenible y aceptar un mundo desconocido físico y mental. Aquí es donde pueden expandirse de manera genuina, acogiendo nuevas experiencias y creando un entorno que es realmente la paz en la tierra.

RASGOS LINFÁTICO

Los rasgos dominantes del tipo de cuerpo Linfático son Físico y Mental. El entusiasmo los mantiene en movimiento, activos y vivos. Sin estimulación mental o física se deprimen, lo que acaba trayendo dolor emocional a la superficie y los motiva a salir de su estado depresivo. Son rápidos mentalmente y siempre están alerta; el aprendizaje les hace sentirse realizados. Con una base física, la salud y la atracción física son su prioridad.

RASGOS MÉDULA

Los rasgos dominantes del tipo de cuerpo Médula son Físico y Mental. Las personas Médula prosperan cuando se sienten apreciadas. Su paciencia y su acercamiento sistemático y lógico las convierte en excelentes maestras. La apreciación de sus estudiantes las mantiene motivadas mientras que su fuerte enfoque mental y el miedo al fracaso hacen que siempre estén pendientes y actualizadas en su campo de trabajo.

RASGOS OJO

Los rasgos dominantes del tipo de cuerpo Ojo son Espiritual y Mental. Estas personas necesitan marcar una diferencia para que sus vidas tengan sentido. Son visionarias, ven cómo podrían ser las cosas, cómo son y lo que tiene que suceder para que se produzca el cambio. Crear impacto en la vida de los demás es una manera eficaz de llevar su visión a la realidad física. Su sensible aspecto Espiritual les permite observar sin juicio y les hace ser conscientes del efecto que tiene en las personas el simple hecho de liberar emociones negativas. Ya que su fortaleza es Mental, les resulta fácil ignorar o reprimir emociones desagradables, hasta el punto de cerrar su visión si se sienten muy abrumados.

RASGOS PÁNCREAS

Los rasgos dominantes del tipo de cuerpo Páncreas son Físico y Emocional. Se sienten realizados cuando están alegres y pueden compartir su felicidad con los demás. Con base emocional, suelen experimentar un sentimiento de inseguridad cuando se comparan con los amigos que tienen una base mental, y eso los motiva a desarrollar su mente. Sin embargo, es la energía emocional la que hace que una organización funcione, mientras que la alegría la mantiene activa.

RASGOS PIEL

Los rasgos dominantes de los cuerpos tipo Piel son Físico y Emocional. No hay mayor emoción que el descubrimiento, y los más apasionantes son los que resultan emocionalmente beneficiosos tanto para ellos como para las personas a su alrededor. Al ser muy visuales, a estas personas les gusta expresar sus descubrimientos de manera física, tangible, y preferiblemente algo que les haga sentir bien. Sienten las emociones de los demás de manera extrema; les gusta hacer que se sientan bien y adoran sentir el contacto de otros.

RASGOS PINEAL

Los rasgos dominantes del tipo de cuerpo Pineal son Espiritual y Mental. Los Pineales necesitan tener libertad y sentirse realizados. La máxima libertad proviene del aspecto espiritual y se manifiesta como autorrealización. La intuición es una expresión de la Espiritualidad y uno de los regalos de la autorrealización. Mentalmente rápidos y atentos, su reto consiste en conectar con el corazón e integrar las emociones. Solo se experimenta la verdadera libertad cuando los patrones emocionales negativos o autolimitantes han sido eliminados.

RASGOS PITUITARIA

Los rasgos dominantes del tipo de cuerpo Pituitaria son Espiritual y Mental. La máxima satisfacción para estas personas es la sensación de felicidad. Los niños aprenden más en los primeros cuatro años de su vida que todo lo que aprenderán después. Con su dominante conexión espiritual, los Pituitaria son capaces de mantener su inocencia y franqueza infantil durante toda la vida. Su fuerte agudeza mental les permite usar lo que aprenden para ayudar a otras personas a ser felices.

RASGOS PULMÓN

Los rasgos dominantes del tipo de cuerpo Pulmón son Físico y Emocional. El cuidado, ya sea recibido o brindado a otra persona, hace que los Pulmones se sientan realizados. Sensibles emocionalmente, la tendencia es mostrar una coraza, cerrarse y retirarse cuando se sienten impotentes o inadecuados. La necesidad de expresarse los motiva a acceder a su creatividad, que está normalmente vinculada a la música o a maneras de cuidar a los demás.

RASGOS RIÑÓN

Los rasgos dominantes del tipo de cuerpo Riñón son Físico y Emocional. Los Riñones son más felices cuando pueden ser flexibles -cuando tienen alternativas y pueden explorar nuevas opciones. Una vez que han conseguido algo y han ido más allá de las limitaciones percibidas, se relajan y disfrutan hasta que llega un nuevo desafío. Para sentirse satisfechos, los retos tienen que ser diferentes e involucrar a las personas, lo cual permite una mayor flexibilidad y crecimiento.

RASGOS SANGRE

Los rasgos dominantes del tipo de cuerpo Sangre son Físico y Emocional. La armonía es absolutamente esencial para estas personas. Se relacionan con el mundo a través de sus sentimientos. Además de lo que perciben de los estados emocionales de los demás, son conscientes de sus emociones en todo momento. Necesitan respetarse a sí mismos y ser respetados por otros, y su prioridad es eliminar la desarmonía, tanto real como percibida.

RASGOS SISTEMA NERVIOSO

Los rasgos dominantes del tipo de cuerpo Sistema Nervioso son Físico y Mental. Nada les da un mayor sentido de satisfacción que escuchar a los demás. Prácticas y eficientes, estas personas sobresalen cuando usan sus fuertes habilidades mentales para recoger información y la comparten con los demás según sus necesidades y deseos, a través de su asociación de las personas con la información.

RASGOS SUPRARRENAL

Los rasgos dominantes Suprarrenal son Físico/Mental. No hay mayor placer que el éxito en todos los aspectos de la vida. Para que sea real, el éxito debe tener una expresión física, como tener vehículos, dinero, reconocimiento, aceptación... cuanto mayor sea, mejor. El foco es mental, por lo que las emociones son secundarias. Es fácil ignorarlas o suprimirlas, hasta que de repente se da una explosión emocional. Normalmente, el detonante no tiene relación con la emoción ignorada y, una vez que la polémica se acaba, el ambiente queda despejado, sin resentimientos, remanentes ni arrepentimientos.

RASGOS TÁLAMO

Los rasgos dominantes de los cuerpos tipo Tálamo son Espiritual y Mental. Los Tálamo se sienten realizados al ser más que al hacer. La mayor satisfacción es la consecuencia de su efectividad o sensación de ser alguien que valga la pena, y al lograr que su expresión sea más interna que externa. Con un fuerte sentido mental, les encanta recopilar información y guardarla para futuras referencias, ya que investigar es su segunda naturaleza. Su rasgo dominante espiritual se refleja en su desarrollado sentido auditivo, lo que los hace muy sensibles a la música y al sonido.

RASGOS TIMO
Los rasgos dominantes de los cuerpos tipo Timo son Físico y Mental. Estas personas se sienten realizadas al enfrentar un desafío personal. Como son muy protectoras de sí mismas, el reto normalmente se inicia con un dolor físico. Con base física y mental, pueden ser bastante pragmáticas en su acercamiento a la vida. El reto es integrar los rasgos espirituales y emocionales, pasando del juicio al amor incondicional y la aceptación/perfección en esta vida.

RASGOS TIROIDE
Los rasgos dominantes de los cuerpos tipo Tiroide son Espiritual y Mental. Para que una actividad sea gratificante tiene que valer la pena, lo que significa que tiene que contribuir favorablemente a alguien o a la humanidad en general. En sus cabezas, los Tiroides han de recoger la información recopilada del reino espiritual y mental y han de expresarla de manera que ayude a la humanidad. Al crear un puente de conexión entre la cabeza y el corazón, expresan lo espiritual físicamente. Para cumplir con su destino, las personas Tiroide tienen que compartir sus descubrimientos.

RASGOS VESÍCULA
Los rasgos dominantes de la Vesícula son del tipo Físico y Emocional. Aunque son emocionales, los tipos de cuerpo Vesícula tienden a mantener sus sentimientos en privado y se sienten más satisfechos cuando pueden ser útiles para las personas a su alrededor, y expresar así su amor por ellas. La actividad física les ayuda a clasificar las cosas y centrarse en sus emociones. Su sólida fortaleza física se refleja en su naturaleza confiable y consistente.

EL SISTEMA DE LOS 25 TIPOS DE CUERPO

(THE 25 BODY TYPE SYSTEM™)

Hay 25 tipos diferentes de cuerpos con necesidades nutricionales y físicas únicas y diferentes perfiles de personalidad que se determinan por la glándula dominante, órgano o sistema del cuerpo.

Puedes determinar qué tipo de cuerpo tienes a través del test on-line en:

www.bodytype.com

Selecciona "Women's Test" (Test para mujeres) o "Men's Test" (Test para hombres)

PROBLEMAS EMOCIONALES DE BASE

A pesar de que todas las personas contamos con todos los patrones emocionales, algunos son más problemáticos para unas personas que para otras. Cada tipo de cuerpo debe lidiar con algunas lecciones o retos que son particular y característicamente desafiantes. La siguiente lista contiene los problemas emocionales básicos más comunes para cada tipo de cuerpo.

TIPO DE CUERPO	EMOCIÓN	TIPO DE CUERPO	EMOCIÓN
Bazo	Culpa, Abandono, *(Estar)* Equivocado	Piel	Crítica, Abandono
Cerebro	Abandono, *(Estar)* Equivocado, *Adicción, A*buso, Control, Inferioridad, Fracaso	Pineal	Control, Desconocimiento Restricción, Desinterés
Corazón	Soledad, No ser lo suficientemente bueno, Preocupación	Pituitaria	Soledad, Abandono, Sabiduría, Restricción
Estómago	Abandono, Control, Víctima, Conflicto, Inferioridad, Terquedad	Pulmón	Rechazo, Abandono, Terquedad
Equilibrio	Control, Rechazo, *"Que te jodan"*	Riñón	Amor, Miedo, *(Ser)* incomprendido
Gónadas	Identificación, Represión, No ser lo suficientemente bueno	Sangre	Discordia, Conflicto, *(Sentirse)* abatido, atrapado
Hígado	Ira, Rechazo, Fracaso	Sistema nervioso	Víctima, Ira, Control, *"Que te jodan"*
Hipotálamo	Vergüenza, Miedo, Traición	Suprarrenal	Conflicto, Fracaso, Abandono, Enfrentarse al mundo
Intestino	Abandono, No ser lo suficientemente bueno Rechazo, Desesperanza, Crítica	Tálamo	Dependencia, Fracaso
Linfático	*(Ser)* Olvidado, Identidad	Timo	Ira, Fracaso, Pérdida, Abandono, *(Estar)* Equivocado, Inferioridad
Médula	Restricción, Fracaso	Tiroides	Tristeza, Injusticia, Expresarse, Fracaso, Malentendido
Ojo	Emociones, *"Que te jodan"* *(Sentirse)* abrumado, Videncia Inútil	Vesícula	Pasado (Miedo a repetir), Frustración, Resentimiento, Dejar ir
Páncreas	*(Estar)* Equivocado, Traición, Dejar ir		
Páncreas	*(Estar)* Equivocado, Traición, Dejar ir		

CUATRO RASGOS

Una vez que hayas determinado si tu sentido dominante es mental o emocional, puedes fijarte en cómo lo expresas. ¿Tu mente es demasiado rígida o controladora y domina tus otros sentidos? Si es así, *Peace & Calming*[7] puede relajarla. Tal vez quieras usar *Joy*[7] para potenciar y dar apoyo a tus emociones.

¿Eres demasiado emocional? *Sandalwood*[7] ayuda a calmar las emociones hiperactivas. *Clarity*[7] ayuda a preservar la mente y brinda claridad mental.

Cuanto mejor entiendas los aspectos sobre tu propia persona, más fácil será aceptarte y desarrollar e integrar la otra cara. Conocer tu tipo de cuerpo[8] y leer tu perfil psicológico te dará un mejor entendimiento. El perfil de los tipos de cuerpo está diseñado como una guía concisa y práctica para entender tus rasgos básicos, tu motivación y la mejor manera de expresar tus fortalezas. Al definir tus dos rasgos dominantes, podrás determinar tu tipo de cuerpo, así como los correspondientes problemas emocionales de base.

Los cuatro rasgos (físico, emocional, mental espiritual) representan nuestros cuatro cuerpos. El desequilibrio en cualquier área es el resultado de una energía:

- muy alta: hiperactivo;

- muy baja: hipoactivo, agotado, o extenuado.

La armonía es un estado de equilibrio, que puede conseguirse al determinar:

- qué sistema está desequilibrado o estresado;

- si el sistema está hiperactivo o hipoactivo.

Por lo general, los siguientes aceites resultan ser muy efectivos. Deberás seleccionar el aceite que traiga equilibrio al área que más atención necesita.

---

[7] Oil Blends de Young Living Essential Oils™

[8] *Different Bodies, Different Diets* with the 25 Body Type System™, Carolyn Mein

ARMONIZACIÓN DE EMOCIONES

FÍSICO
- ***Valor*** potencia la fuerza física. Aplicar en los pies.

    La tensión física se debe a la hiperactividad del cuerpo físico, y este aceite ayuda a liberarla.

    Para mayor beneficio, pídeles a 2 personas que te apliquen el aceite. Una persona lo aplica en los pies (C7) mientras la otra lo aplica en los hombros (puntos nerviosos)

- ***Immupower*** fortalece el sistema inmune y es especialmente útil cuando existe una enfermedad física.

EMOCIONAL
- **Joy** ayuda a transformar la depresión en un estado mental positivo.

    Brinda cualidades emocionales positivas y ayuda a liberar la ansiedad y superar el duelo.

- **Sandalwood** ayuda cuando las emociones son hiperactivas. Aplicar en los pies, en la sien y en la base de la columna vertebral.

- ***SARA*** ayuda a liberar trauma emocional y facilita el cambio de la confusión emocional a la claridad mental.

MENTAL
- **Clarity** ayuda cuando hay escasez de claridad mental o el cerebro está hipoactivo.

- **Peace & Calming** se utiliza en casos de hiperactividad mental.

ESPIRITUAL
- ***Frankincense*** estimula y eleva la mente.

- ***Rose*** aumenta el enfoque espiritual.

- ***White Angelica*** es particularmente bueno para protegerse.

- **Awaken** equilibra los estados mentales y despierta el autoconocimiento.

- ***3 Wise Men*** promueve el enraizamiento y la liberación de traumas arraigados profundamente.

LIMPIEZA Y MANTENIMIENTO DE TU CAMPO ENERGÉTICO

Sal de mar

Si eres una persona sensible, trabajas o estás rodeada de mucha gente, es probable que "absorbas" la energía de los demás y la mantengas en tu campo energético. Añadir sal de mar a tu baño o usarla como un jabón en la ducha limpiará el cuerpo emocional. Cuando usas sal en la ducha, mantenla en un recipiente plástico, humedécela y aplícala como un jabón, especialmente en el pecho y el plexo solar. Así, eliminas las células muertas y brindas suavidad a tu piel. Usa la sal fina de mar que puedes encontrar en las tiendas naturistas. Recuerda que las dos áreas que debes priorizar enfatizar son el pecho y el plexo solar. Usar sal marina es particularmente útil cuando la persona está atravesando un proceso de liberación emocional o está cerca de alguien que se encuentra viviendo este proceso lo que le sucede a casi todo el mundo.

Aceites esenciales

La mezcla de aceite esencial *White Angelica* también puede utilizarse para limpiar tu campo energético o aura, además de servir como protección contra bombardeos de energía negativa.

Para limpiar tu campo energético, aplica una o dos gotas de *White Angelica* en la palma de tu mano y frótalas tres veces en el sentido de las agujas del reloj para activar el aceite. Coloca las puntas de tus dedos encima de tu cabeza y baja las manos por ambos lados de tu cuerpo. Como tu campo de energía es más grande que tu cuerpo físico, mantener tus manos a unos centímetros del cuerpo te ayudará a limpiar tu campo energético.

Para protegerte cuando estás en un espacio con mucha gente, puedes aplicar *White Angelica* encima de la cabeza, el esternón (el hueso del pecho), por encima de los hombros y la parte posterior de la cabeza, cerca del cuello. Si eres particularmente sensible a las energías de otras personas, usar *White Angelica* puede evitar que absorbas las energías de otros y las lleves a casa.

Esto te ayudará mucho a mantener tu propia energía y evitar que te drenes cuando estás en el trabajo, en clase o en una reunión corporativa.

Es muy fácil compartir con tus compañeros de trabajo la manera de limpiar el campo energético con *White Angélica*. Es rápido y generalmente produce cambios notorios, positivos e inmediatos, sobre todo en personas sensibles.

Peace and Calming es un aceite excelente para usar en las muñecas y sobre los hombros (además de las maneras mencionadas anteriormente) cuando estás molesto o alterado. Es excepcionalmente efectivo para los bebés cuando lloran, niños pequeños y animales.

Centro y equilibrio

Ken Page, en su libro **The Way It Works**, describe una simple técnica de liberación que te permite equilibrar y centrar tu energía. Esta técnica toma menos de 30 segundos e idealmente deberías hacerla cuando estás a solas tres o cuatro veces al día, en total privacidad, donde básicamente no tengas otra cosa que hacer más que ser. Para muchos de nosotros, el único momento en que esto ocurre es cuando estamos en el baño.

"De pie o sentado, haz lo siguiente: Totalmente concentrado, pon tus manos encima de la cabeza y, mientras te liberas piensa en "limpiar". Al mismo tiempo, baja tus manos hasta la línea frontal de la mitad de tu cuerpo y entra en tu propio espacio.

Hazlo simplemente con tu intención y enfoque, empujándote a entrar. Una manera muy fácil implica extender tus brazos y concentrarte en el pensamiento de que te vas a meter en ese espacio. Para traer tu campo energético hacia ti, lentamente acerca los brazos al cuerpo. Para finalizar, pon las manos encima del plexo solar. Quédate en tu espacio durante 5 o 10 segundos, disfrutando de estar contigo mismo en ese momento"[9].

Mantenimiento

Para determinar qué aceites usar, tal vez quieras sintonizar con la energía del día. ¿Hay algún aspecto que necesitas trabajar o potenciar? Puedes revisar cómo te sientes para determinar si necesitas más apoyo en un área en concreto. Una vez que hayas limpiado las emociones específicas de las que eres consciente, tus elecciones se verán determinadas por los Cuatro rasgos.

---

[9] *The Way it Works,* p. 28, Ken Page, 1997

GUÍA DE REFERENCIAS

Referencia Emocional
La manera más fácil de empezar es con una emoción de la que seas consciente o que estés sintiendo en este momento.

Aunque la mayoría de las emociones nombradas son negativas, también hay algunas positivas. Obviamente, queremos limpiar las emociones negativas y potenciar las positivas. Cuando hay una emoción positiva, como el amor, se refiere a la emoción negativa alrededor del amor, como el miedo a no ser amado o no ser adorable, además del miedo a amar. Los aceites son adaptógenos, lo que significa que tienen la habilidad de equilibrar una emoción, ya sea hipo o hiperactiva.

Referencia de Aceites
Una vez que hayas identificado una emoción en particular, tal vez quieras trabajar con las emociones relacionadas. Suele haber una relación entre las emociones que requieren el mismo aceite. Quizá te atrae usar el mismo aceite y quieras conocer la emoción asociada a él.

Referencia Corporal
Mira en la lista hasta que encuentres el órgano, la glándula o el sistema que está estresado o donde sabes que tienes dificultad. Ahora que has encontrado la emoción correspondiente, consulta la Referencia emocional.

Una manera de localizar las emociones similares a las que estás experimentando consiste en revisar los otros órganos o sistemas relacionados. Por ejemplo, las orejas se asocian a la escucha, las trompas de Eustaquio con el miedo a escuchar la verdad y la oreja externa con el miedo a la incongruencia. Puedes acceder a esta información revisando los órganos relacionados en la Referencia corporal, la ubicación de los Puntos de alarma corporales según el órgano o a través de la Referencia emocional según las emociones relacionadas.

Ubicación de los puntos de alarma corporales
Puede que no seas consciente de ninguna emoción, pero sientes dolor o malestar en tu cuerpo. Consulta las tablas de referencia, y busca el dolor y su emoción asociada en la Referencia corporal.

Puedes trabajar en diferentes emociones simultáneamente o darte más tiempo para procesarlas. Cuando trabajes con un problema crónico, la frecuencia de uso y el área de aplicación pueden variar. Debes estar atento a los cambios en tu cuerpo. Una manera simple de comunicarte con tu cuerpo es a través de la prueba muscular, descrita en el último capítulo.

Puedes usar los aceites para limpiar patrones emocionales específicos o aplicarlos según sea necesario. Una vez que hayas limpiado un patrón, puede que te sientas atraído a "repasarlo" periódicamente. Puedes usar solo los aceites que te han llamado la atención con la frecuencia que desees: desde una sola vez hasta múltiples usos durante un periodo prolongado de tiempo. Esa frecuencia puede variar de un día al otro, así como la necesidad de usar diferentes aceites que se relacionan con las emociones asociadas al mismo síntoma.

Referencias

REFERENCIA EMOCIONAL
Emociones, la otra cara de la emoción y la lección o "salida"

Para liberar un patrón emocional que te limita, necesitas entender el problema y cómo éste afecta tu vida. En otras palabras, entender por qué tienes este problema, qué podrías experimentar en su lugar y qué necesitas hacer para cambiar. Cambiar un patrón es como tapar una grieta, cuanto más profunda sea, más tiempo te llevará repararla. Para algunas emociones, tal vez solo necesites traerlas a la conciencia para liberarlas, mientras que para otras emociones más arraigadas requerirás más tiempo y atención.

Todas las emociones desagradables se basan en el miedo. La siguiente lista de emociones incluye sentimientos negativos o el miedo a no experimentar sentimientos positivos como el amor, lo que significa miedo a no ser amado o adorable. También puede implicar el miedo a amar.

EMOCIÓN	LA OTRA CARA	SALIDA	ACEITE	PUNTO DE ALARMA	TABLA
ABANDONO (Miedo al)	Unidad	*Acepto todas las experiencias de la vida*	Lavander	Intestino delgado	E, F, G, H
ABATIMIENTO	Espontaneidad (alegría)	*Libero mi limitación*	Release	Pleura	C
ABORRECIMIENTO	Ver Amor				
ABRUMADO	Visión	*Enfoco mi energía*	Envision	Visión	B
ABUNDANCIA	Escasez	*Estoy en armonía con el flujo universal*	Abundance	Prominencia laríngea	A, C
ABURRIMIENTO	Dirección	*Estoy en armonía*	Grounding	Parásitos	D
ABUSO (Todo/cualquier tipo)	Cuidado	*Merezco ser amado*	SARA	Memoria celular	D, H
ACEPTACIÓN	Rechazo	*Puedo ser aceptado*	SARA	Punto Emocional	A
ADICCIÓN	Libertad	*Soy deseado y adorable*	Peace & Calming	Cerebro	A, B, E, G, H
AGOTADO	Completo	*Estoy abierto la fuente*	Ylang Yang	Sentimientos	D
AGOTAMIENTO	Rejuvenecido	*Me cuido*	RC	Congestión linfática	C
AGOTAMIENTO	Energía	*Me cuido*	PanAway	Músculos	F
AGOTAMIENTO SUPRARRENAL	Fortaleza	*Estoy completo*	Nutmeg o En-R-Gee	Suprarrenal	D, G, H

Aceites esenciales

EMOCIÓN	LA OTRA CARA	SALIDA	ACEITE	PUNTO DE ALARMA	TABLA
AGRESIÓN	Respeto	*Yo amo*	Valor o Valor II	Corteza suprarrenal	D
AGUJERO NEGRO (Estar en un)	Claridad	*Estoy rodeado y protegido*	Pepper, Black	Hueso temporal Porción mastoidea	B
AHOGADO	Empoderado	*Estoy renovado y en armonía*	Longevity	Vibración	D
AISLAMIENTO	Conexión	*Estoy integrado*	En-R-Gee	Ombligo/hongos	C, D
AJUSTE DE CUENTAS	*Ver Venganza*				
AMARGURA	Conectado	*Acepto mi genuinidad*	Forgiveness	Vesícula	C, G, H
AMBIVALENCIA	Involucrado	*Me importa*	Celery Seed o Juva Cleanse	Hipocampo	A, C
AMOR (Condicional-Agenda)	Amor Incondicional	*Lo veo desde una perspectiva más elevada*	Release	Ojo/Cerebro	B, F
AMOR (Miedo al, o no ser amado)	Desapego	*Me permito Ser real*	3 Wise Men	Riñón	D, G, H
ANGUSTIA	Éxtasis	*Estoy dispuesto a aceptar la verdad*	Palo Santo	Corazón	B, G, H
ANGUSTIA	Agradecimiento	*Acepto*	Grapefruit	Sentimientos	D
ANIQUILACIÓN	*Ver Anulación*				
ANULACIÓN	Euforia	*Conecto mi cabeza y mi corazón*	Palo Santo	Garganta / Constrictor del corazón	A, C
ANSIEDAD	Confianza	*Paz, quietud*	Joy	Capilar	D
APARTADO	Involucrado	*Me conecto con la fuente*	Northern Lights Black Spruce	Protector del corazón	D
APATÍA	Entusiasmo	*Soy consciente*	Brain Power	Hipocampo	A, C
APEGO	Conexión	*Mantengo la visión*	Envision	Visión	B, F

EMOCIÓN	LA OTRA CARA	SALIDA	ACEITE	PUNTO DE ALARMA	TABLA
APROBACIÓN	Ver Rechazo				
APROVECHADO	Empoderado	*Soy fiel a mi esencia*	Trauma Life	Nervio	C, D, F
ARREMETER	Discreción	*La verdad viene a través de mí*	Clove	Lengua	B
ARROGANCIA	Ver Desconocido				
ASUSTADO	Pacífico	*Escucho*	RutaVaLa	Ego	E, H
ASUSTADO	Seguro	*Estoy quieto*	Peace & Calming	Esófago	E, G
ATACAR PARA CONTROLAR	Flexible	*Estoy a salvo*	Common Sense	Íleo	E
ATAQUE (Físico)	Armonía	*Estoy centrado*	Northern Lights, Black Spruce o Idaho Blue Spruce	Filtro	B, F
ATORMENTADO	Cuidado	*Trasciendo*	Tarragon	Nervios	C, D, F
ATRAPADO	Libre	*Soy libre*	Transformation	Plexo Solar	D, G
AUTOCOMPASIÓN	Firme	*Estoy firme*	Cardamom	Íleon	E
AUTOCULPA	Ver *Lamento/Remordimiento*				
AUTODESTRUCCIÓN	Valorado	*Me respeto*	Melaleuca Quinquenervia	Locus Cerúleo	B, F
AUTOESTIMA (Baja)	Ver *Impotencia*				
AUTONEGACIÓN	Sabiduría	*Me mantengo*	Forgiveness	C1	B, F
AUTORIDAD (Rebelarte en contra o estar resentido con)	Claridad	*Veo con claridad*	JuvaFlex o Birch	Huesos	F
AUTOSACRIFICIO	Comprensión	*Voy a las profundidades (centro)*	ImmuPower	Líquido cerebroespinal	B

Aceites esenciales

EMOCIÓN	LA OTRA CARA	SALIDA	ACEITE	PUNTO DE ALARMA	TABLA
AVANZAR	Ver *Miedo o Desconocido*				
AVERGONZADO	Acojo	*No estoy solo*	Acceptance	Hipotálamo	A, E
BRUJERÍA	Encender	*Yo empodero*	Palo Santo	Protector del corazón	D
CABREADO	Ver *Ira*				
CAMBIO (Resistencia al)	Estable	*Aprendo de todas las experiencias de la vida*	Present Time	Recto	E, G
CANSADO	Rejuvenecido	*Estoy renovado*	Humility	Conducto pancreático	E
CANSANCIO	Encendido	*Estoy alineado*	Inspiration	Fuerza de la vida	F
CAOS	Ver *Destrucción*				
CARENCIA	Fe	*Confío en que puedo cambiar*	Ginger	Placas de Peyer	D
CASTIGO (Miedo a o autocastigarse)	Elevado	*Acepto la verdad*	Harmony	Trompas de Falopio / Vesículas seminales	C
CEGUERA	Iluminación	*Respiro con mi certeza*	Hope	Linfa del ojo	A
CELOS	Dirigido	*Concentro mi energía*	Lemon	Linfa	C
CERRARSE	Creatividad	*Estoy brillantemente vivo*	Patchouli	Integración cerebral	B, F
CINISMO	Entendimiento	*Acepto la verdad*	Transformation	Intestino delgado	E, F, G, H
CLAUSTROFOBIA	Ver *Confinado*				

EMOCIÓN	LA OTRA CARA	SALIDA	ACEITE	PUNTO DE ALARMA	TABLA
CO-DEPENDENCIA	Interdependencia	La vida me apoya	Royal Hawaiian Sandalwood o Sandalwood	Integración emocional	A, B, E
CODICIA	Dar	Soy suficiente	White Angelica	Constrictor del corazón Cuarto Chacra	C
COMPETITIVIDAD	Crecimiento	Sobresalgo	Dream Catcher	Válvulas linfáticas	C
COMPLACENCIA	Responsable	Me transformo	Exodus II	Magia	C
COMPROMISO	Manifestación	Soy libre	Transformation	Ego	E
COMPROMISO (Con uno mismo)	Verdad	Yo expreso la verdad	Sacred Mountain	Alma	B, F
CONDENADO	Liberado	Yo perdono	Exodus II	Plexo Solar	D, G
CONECTAR INTERDIMEN-SIONALMENTE	Integración	Estoy completo	Awaken	Puerta sacra	F
CONFIAR	Ver Traición				
CONFINADO	Libertad	Me permito ver	Envision	Intuición	E
CONFLICTO (Miedo al)	Paz	Estoy en paz	Valor o Valor II	Corteza suprarrenal	D
CONFRONTACIÓN	Ver Conflicto				
CONFUSIÓN	Enfoque	Estoy centrado y concentrado	Magnify Your Purpose	Integración @ L3	F
CONEXIÓN	Ver Aislamiento				
CONCIENCIA (Cambio de)	Tomar responsabilidad personal	Estoy cambiando	Laurus Nobilis o White Angelica	Aorta	A, C
CONCIENCIA COLECTIVA (Ser parte de)	La manifestación de la conciencia de Cristo	Soy consciente	Sacred Mountain	Plexo solar Tercer Chakra	D, G

EMOCIÓN	LA OTRA CARA	SALIDA	ACEITE	PUNTO DE ALARMA	TABLA
CONSECUENCIA	Ver Culpa				
CONTROL (Miedo a perder)	Equilibrio	*Estoy bien y soy bendecido*	Peace & Calming	Estómago	C, E, G, H
CRISIS	Liberación	*Soy guiado divinamente*	White Angelica	Esófago	E, G
CRÍTICA	Amor y aceptación incondicional	*Recibo*	Lavender	Piel	F
CRUEL	Amable	*Entiendo*	StressAway	Hongos/Ombligo	C, D
CULPAR	Equilibrio	*Entiendo*	JuvaFlex	Tóxico	E
CULPA	Merecer (Recibir lo que)	*Aprendo de todas las experiencias de la vida*	Clarity	Bazo	D, G, H
DAR POR SENTADO	Honrado	*Me honro*	Present Time	Encías/Dientes	B, E
DEBER	Espontaneidad	*Soy guiado*	Lemongrass	Tendón	B, F
DÉBIL (Lucir)	Invencible	*Soy libre*	Valor o Valor II	Ovarios/Testículos	C
DEBILIDAD	Protección	*Estoy centrado*	White Angelica	Fontanela ....B Constrictor del corazón ....C Nervio ....C, D, F Filtro ....B, F	
DECEPCIÓN	Libertad	*Confío en mi visión*	Joy	Bronquios	C, G
DEFENSIVO	Receptivo	*Estoy abierto*	Valor o Valor II	Estómago	C, E, G, H
DEGRADADO	Ser cuidado	*Me afirmo*	Pine	Glóbulos blancos	F
DEJADO ATRÁS	Movimiento	*Tengo libertad para avanzar*	Lemon	Linfa	C

EMOCIÓN	LA OTRA CARA	SALIDA	ACEITE	PUNTO DE ALARMA	TABLA
DEJAR IR	Felicidad	Suelta y confía en Dios o Suelta y deja vivir	Sage	Vejiga	C, E, G, H
DEPENDENCIA (Miedo a la)	Libertad	Soy autosuficiente	Peppermint	Tálamo	A, B, E
DEPENDIENTE	Firme	Estoy decidido	Cassia o Wings	Voluntad @ C5	B
*DEPRESIÓN	Vivo	Me alegra estar vivo	Peace & Calming	Depresión	B, F
DE QUÉ SIRVE	Valioso	Tengo valor	Transformation	Bazo	D, G, H
DERROTADO	Honrado	La vida está a mi favor	Tsuga	Sist. Nervioso / Linfa	A, B, C
DESAFÍO	Ver "Que te jodan"				
DESAMOR	Completo	Me siento realizado	Transformation	Constrictor del corazón	C
DESAGRADECIDO	Gratitud	Aprecio	Ledum	Bazo	D, G, H
DESAMPARO	Ver Abandono				
*DESAPEGO (Miedo al)	Sostenido	Puedo estar solo	Lemon	Médula espinal	B, F, H
DESAPROBACIÓN	Aprobación	Me acepto	Acceptance	Intestino grueso	D, G, H
DESARRAIGADO	Arraigado	Estoy estable	Australian Blue	Vejiga	C, E, G, H
DESARROLLO (Miedo al)	Franqueza	Permito el movimiento	Lavender	Núcleo de Rafe	B, F
DESCARRILADO LIMBO	Confianza	Soy guiado divinamente	Palo Santo	Tercer ojo	A, E
DESCARTADO	Ver Abandono				
DESCONCERTADO	Ver Confusión				

* La depresión suele manifestarse como una represión; busca una emoción subyacente.
* Desapego: se refiere a no estar conectado con la fuerza interior; Sostenido: Ser sostenido por un Poder Superior; Puedo estar solo —. desapegarse de la ilusión de que el mundo exterior te sostiene.

Aceites esenciales

EMOCIÓN	LA OTRA CARA	SALIDA	ACEITE	PUNTO DE ALARMA	TABLA
DESCONECTADO	Seguro	*Estoy conectado*	Marjoram	Ombligo/hongos	C, D
DESCONFIANZA	*Ver Juicio*				
DESCONFIAR	Integridad	*Honro la verdad*	Forgiveness	Útero/Próstata	C
DESCONOCIDO (Miedo a lo)	Conocimiento	*Escucho mi corazón*	Sacred Mountain	Pineal	B, F, H
DESEMPODERADO	Respeto	*Soy fiel a mí mismo*	Melaleuca Ericifolia (Rosalina) o Tea Tree	C1	B, F
DESEMPODERA-MIENTO	*Ver Brujería*				
DESERCIÓN	Guía interior	*Estoy totalmente conectado*	Inner Child	RNA	B
DESESPERACIÓN	Dignidad	*Estoy abierto a ser guiado*	3 Wise Men	Diafragma	C, G
DESESPERACIÓN	Esperanza	*Hay una salida*	Awaken	Médula ósea	D
DESEQUILIBRIO	Equilibrado	*Veo con clari-dad*	Gary's Light	Voluntad en C-5	B
DESHONESTIDAD	Honestidad	*Soy fiel a mí mismo*	Believe	Bazo	D, G, H
DESILUSIONADO	Sustancia	*Veo la realidad*	Di-Gize o Di-Tone	Apéndice	D, H
DESMOTIVADO	Enfocado	*Soy receptivo*	Lime	Pulmón	C, G, H
DESMOTIVADO	Inspiración	*Recibo*	Australian Kuranya	Líquido cerebro espinal (GV-19)	B
DESORIENTACIÓN DIABÓLICA	Protección divina	*Estoy protegido divinamente*	Elemi	Tercer Ojo	A, E
DESOLACIÓN	Euforia	*Soy elevado*	One Heart	Corazón	B, G, H
DESOLADO	Euforia	*Soy elevado*	One Heart	Corazón	B, G, H
DESPRECIO	Respeto	*Honro*	Galbanum o Gratitude	Válvula Ileocecal	A, E, G
DESQUITE	Logro	*Expreso mi potencial*	Highest Potential	Tiroides	A, C, G, H
DESVALIDO	Seguro	*Estoy a salvo*	Sacred Frankincense	Visión	B

EMOCIÓN	LA OTRA CARA	SALIDA	ACEITE	PUNTO DE ALARMA	TABLA
DEVASTADO	Ver No sentirse lo suficientemente bueno				
DIFERENTE	Real	*Acepto la conciencia*	Thieves	Moho	D
DIFICULTAD	Saber	*Me muevo con la vida*	Legacy o Myrrh	PSIS	F
DIRECCIÓN (Falta de)	Ver Procrastinación				
DISCERNIMIENTO	Ver Juicio				
DISCORDIA	Equilibrio	*Estoy centrado*	White Angelica	Paratiroides	A, B, D, G, H
DISCUSIÓN	Paz	*Soy justo*	Peace & Calming	Tiroides	A, C, G, H
DISGUSTO	Empoderamiento	*Veo el propósito*	Australian Blue	Bronquios	C, G
DESINTEGRADO	Unidad	*Estoy completo*	Rose	Virus	D, E, H
DISPERSO	Centrado	*Estoy centrado*	Idaho Balsam Fir o Idaho Blue Spruce	Centro del corazón & Tercer Ojo	E
DISTANCIADO	Conectado	*Estoy abierto*	Spikenard o Melissa	Sentimientos	D
DISTORSIÓN	Inocencia	*Soy libre para dejar que la vida se desarrolle*	Inner Child	Inocencia	A, B
DIVISIÓN	Respeto	*Soy compasivo (conmigo y con los demás)*	Highest Potential	Intestino delgado	E, F, G, H
DOLOR	Felicidad	*El cambio trae alegría*	Joy	Adenoidea	A, B, D
DOLOR	Vibrar	*Estoy vivo*	PanAway	Herida	E, F
DOLOR	Paz	*Estoy en equilibrio*	Acceptance	Bronquios	C, G
DOMINANTE o DOMINIO	Ver Control				

EMOCIÓN	LA OTRA CARA	SALIDA	ACEITE	PUNTO DE ALARMA	TABLA
DRAMA	Práctico	*Soy razonable*	Sage	Parótida	B
DUDA	Encender	*Yo inspiro*	Ignite Your Journey	Bacterias	D
EGOCÉNTRICO	Respeto	*Estoy en equilibrio*	Geranium	Visión	B
EGOÍSTA	Seguro	*Estoy seguro de mí mismo*	Xiang Mao	Vértice	B, C, F
EMOCIÓN REPRIMIDA	*Ver Reprimir emociones*				
EMOCIONALMENTE SECUESTRADO	*Ver Manipulación*				
EMOCIONES (Miedo a las)	Sentir	*Dejo ir y permito*	PanAway	Fascia	E, H
EMOCIONES TRAGADAS	Movimiento	*Elevo mi conciencia*	Hyssop	Epiglotis	A, B, D
EMOCIONES, SUPRIMIDAS o REPRIMIDAS	Protegido	*Estoy a salvo al recordar*	Eucalyptus Blue	Ojo Cerebro occipital	B, F
ENERGÍA ERRÁTICA	Armonía	*Estoy centrado*	Inner Child	Duodeno	E
ENFOQUE (Falta de)	*Ver Confusión*				
ENFRENTAR EL MUNDO (Miedo a)	Abrazar el mundo	*Estoy a salvo*	Myrrh	Suprarrenal	D, G, H
ENGAÑADO	Visión	*Veo con claridad*	Ravensara o Ravintsara	Ojo/Cerebro Occipital	B, F
ENGULLICIÓN	*Ver Identidad*				
ENTREGAR TU PODER	*Ver Pánico o Impotente*				
ENVIDIA	*Ver Escasez*				

EMOCIÓN	LA OTRA CARA	SALIDA	ACEITE	PUNTO DE ALARMA	TABLA
EQUILIBRADO	Ver Control				
EQUIVOCADO	Conocimiento	Soy fiel a mi fuente	Release	Bazo	D
ESCAPAR	Acoger	Supero	Higher Unity Blend o Patchouli	Corteza suprarrenal	D
ESCASEZ	Abundancia	Estoy en armonía con el flujo universal	Abundance	Nuez	A, C
ESCATIMAR	Ver Resentimiento				
ESCEPTICISMO	Certeza	Yo trasciendo	Idaho Tansy o Kunzea	Médula ósea	D
ESCLAVITUD (Miedo a la)	Libertad	Me gusta quien soy	Eucalyptus Globulus	Parótida	B
ESCLAVIZADO	Liberar	Soy liberado	Gathering	Meninges	B, F
ESCLAVO	Ver Esclavitud				
ESCUCHAR (Miedo a)	Reconocimiento	Tengo fuerza para enfrentar la realidad	Sacred Mountain	Oído interno	B, H
ESTANCADO	Transformado	Experimento	Lemon	Senos nasales	A, E, G, H
ESTANCAMIENTO	Transformación	Me empodero	Transformation	Fuerza vital-Chi (2 cm bajo el ombligo)	E
ESTRÉS (emocional)	Armonía	Entiendo	Clarity	Integración cerebral	B, F
ESTRÉS (físico)	Diversión	La vida es divertida	Eucalyptus Radiata	Pleura	C
ESTÚPIDO	Experto	Aprendo fácilmente	Melaleuca Ericifolia o Tea Tree	Tálamo	A, B, E
EXCLUIDO	Incluido	Me nutro	Surrender	Pulmón	C, G, H
ÉXITO (Miedo al)	Aceptación	Acepto la conciencia	Release	Intestino delgado	D, G, H
EXPANSIÓN	Contracción	Permito el cambio	Awaken	Integración álmica	B
EXPECTATIVAS	Apreciación	Estoy completo Conmigo mismo	SARA	Vejiga Segundo Chakra	C, E, G, H

Aceites esenciales

EMOCIÓN	LA OTRA CARA	SALIDA	ACEITE	PUNTO DE ALARMA	TABLA
EXPECTATIVAS IRREALISTAS	*Ver Expectativas*				
FALSO	Real	*Acojo la vida*	Cinnamon Bark	Intestino delgado	E, F, G, H
FATIGA	Encendido	*Estoy alineado*	Live Your Passion o Freedom	Fuerza vital	F
FE (Falta de)	Conocimiento	*Estoy conectado con el Espíritu*	Sacred Sandalwood o Sandalwood	Tercer Ojo	A, E
FINALIZAR (Miedo a)	Desarrollo	*Soy consciente*	Oregano* o Marjoram	Fontanela anterior	B
FORZAR (Manifestar)	Pasión	*Expreso mi alma*	Live with Passion	ARN	B
FRACASO	Desplegar	*Acepto el crecimiento*	Peppermint	Timo	A, C
FRENAR (Flujo universal)	Limpiar el canal	*Estoy en el mejor momento*	Release	Tráquea	A, B, C
FRUSTRACIÓN	Logro	*Me muevo más allá de mis limitaciones*	Lemon	Conducto biliar	C, H
FURIOSO	Cómodo	*Soy líder*	Dragon Time	Corteza suprarrenal	D
FURTIVO	Directo	*Soy claro*	Thieves	Conducto biliar común	C, H
FÚTIL	*Ver INÚTIL*				
FUTILIDAD	*Ver INSERVIBLE o INÚTIL*				
FUTURO	*Ver Desconocido*				
GASTADO	Vitalidad	*Estoy entusiasmado*	Excite	Nervio	C, D, F
GROSERO	Amoroso	*Soy amado*	Fulfill Your Destiny	Médula ósea	D
HABLA INCONSCIENTE	Deliberado	*Estoy en armonía*	One purpose	C1	B
HABLAR (Miedo a)	Libre albedrío	*No mi voluntad sino la tuya*	Sacred Mountain	Garganta	A
HERIDO	Creatividad	*Yo valgo la pena*	Live with Passion o Relieve It u Orange	Creatividad	F
HERIDO	Sanar	*Aprendo*	Melrose	Periostio	E, F

---

* Orégano puede irritar la piel sensible, especialmente en la frente. Añade un aceite vegetal a la gota de aceite antes de aplicarlo en la frente, o simplemente toca los puntos en tu frente sin aplicar el aceite.

EMOCIÓN	LA OTRA CARA	SALIDA	ACEITE	PUNTO DE ALARMA	TABLA
HIPERSENSIBILIDAD	Blindado	*Abrazo la vida*	German Chamomile	Suprarrenal	D, G, H
HIPERVIGILANCIA	Ver Paranoia				
HISTERIA	Ver Ansiedad				
HOSTILIDAD	Armonía	*Valoro la vida*	Harmony	Armonía	F
HUMILLACIÓN	Honor	*Manifiesto cualidades divinas*	Magnify Your Purpose	Piel	F
IDENTIDAD (Pérdida de)	Propósito	*Estoy en contacto con mi propósito*	Release	Útero/Próstata	C
IGNORADO (Ser)	Auto-reconocimiento	*Soy uno con todo*	Harmony	Estreptococo	A, C
ILUSIÓN	Claridad	*Veo claramente*	Present Time	Virus	D, E, H
IMPACIENCIA	Adaptabilidad	*Soy flexible*	Melrose	Inmune	C
IMPOTENTE	Vital	*Estoy lleno de vitalidad*	Shutran o Ylang Surtan	Útero/Próstata	C
IMPOTENTE	Poderoso	*Estoy empoderado*	Chivalry o Highest Potential	Riñón	D, G, H
INADAPTABILIDAD	Ver Impaciencia				
INADECUADO	Empoderado	*Estoy divinamente dirigido*	Douglas Fir o Idaho Balsam Fir o Idaho Blue Spruce o Idaho Grand Fir	GV-20	B
INCAPACITADO	Empoderado	*Estoy centrado*	Hinoki	Hueso-Centro del Sacro	F
INCESANTE	Libertad	*Voy con el fluir*	Laurus Nobilis o White Angelica	Protector del corazón	D
INCIERTO	Enfocado	*Tengo claridad y enfoque*	Thieves	Glándulas salivales	B

Aceites esenciales

EMOCIÓN	LA OTRA CARA	SALIDA	ACEITE	PUNTO DE ALARMA	TABLA
INCOMODIDAD	Tranquilo	*Estoy sano*	Raven	Sinusal	A, E, G, H
INCOMPETENTE	Competente	*Estoy alineado*	Palo Santo	Cerebro	A, B, E, G, H
INCOMPLETO	Progreso	*Conozco mi destino*	Western/ Canadian Red Cedar o Cedarwood	Voluntad @ C-5	B
INCONGRUENCIA	Real	*Veo el todo*	Joy	Oreja externa	B
INCONSISTENCIA	Consistencia	*Confío en mí*	Aroma Siez	Inconciencia	B, D
INDECISIÓN	Enfoque	*Tengo claridad*	Peace & Calming	Bien mayor @ C-3	B, F
INDECISO	Dominado	*Manifestación guiada*	Roots	Fuente	
INDEFENSO	Poderoso	*Soy poderoso*	Goldenrod	Corteza suprarrenal	D
INDEFENSO	Seguro	*Estoy a salvo*	Sacred Frankincense	Visión	B
INDIGNACIÓN	Considerar	*Soy autosuficiente*	Dill	Cabeza del páncreas	C, E
INDIGNO (Sentirse)	Digno	*Abro mi corazón*	Jasmine	Puente de Varolio	A, B, D
INEFICAZ	Poderoso	*Estoy empoderado*	Chivalry o Highest Potential	Riñón	D, G, H
INERCIA	Coraje	*Sigo adelante*	Motivation	Coraje	E
INESTABILIDAD (Miedo a que una vida inestable)	Fiable	*Me honro*	Lemon	Inconsciente	B, D
INFERIORIDAD	Conciencia	*Expreso mi valor*	3 Wise Men	Válvula ileocecal	A, E, G
INFLEXIBLE	Ver Rigidez				
INJUSTICIA (No justo)	Resolución	*Acepto la verdad*	Sacred Mountain	Tiroides	A, C, G, H
INOPORTUNO	Necesitado	*Estoy aquí con un propósito*	Roman Chamomile	Aorta	C
INSATISFACCIÓN	Gratitud	*Abro mi corazón*	Ledum	Magia	C

EMOCIÓN	LA OTRA CARA	SALIDA	ACEITE	PUNTO DE ALARMA	TABLA
INSATISFECHO	Conciencia	*Soy consciente de quien soy*	Majoram	Fontanela Posterior	B
INSEGURIDAD (Inseguro)	Éxito	*Aprendo de todas las experiencias de la vida*	Acceptance	Íleo	E
INSEGURO	Seguro	*Me siento seguro*	Mastrante	Puente de Varolio	A, B, D
INSÍPIDO	Dirección	*Estoy enfocado*	Citronella	Médula espinal	B, F, H
INSOMNE	Rejuvenecido	*Dejo ir y permito*	Valerian	Pineal	B, F, H
INSULTADO	Humillado	*Me desapego*	Humility u Ocotea	Ego	E, H
INTEGRACIÓN	*Ver Desintegrado*				
INTEGRIDAD (Falta de)	Honestidad	*Se puede confiar en mí*	Helichrysum	Cerebro	A, B, E, G, H
INTIMIDAD (Falta de)	Confianza	*Estoy en armonía con mi dirección*	Rose	Centro del corazón	E
INTIMIDADO	Fuerte	*Me mantengo en pie*	Celebration	Plexo solar	D, G
INTIMIDADO	Seguro	*Estoy estable*	Blue Tansy o Idaho Tansy	Hormonas	A, E
INTOLERANCIA (General)	Razonable	*Soy tolerante*	Canadian	Fleabane Tóxico	E
INSERVIBLE	Esencial	*Soy perfección*	Hope	Hipotálamo	A, E
INÚTIL	Propósito	*Estoy conectado*	Light the Fire	Hipotálamo	A, E
INÚTIL (Sentirse)	Aprobación	*Yo valgo*	Frankincense	Encías/Dientes	B, F
IRA	Risa	*Mi dirección está clara*	Purification	Hígado	C, D, G, H
IRRESPETO	Respeto	*Estoy libre de inseguridades*	Cypress	Venas	D

Aceites esenciales

EMOCIÓN	LA OTRA CARA	SALIDA	ACEITE	PUNTO DE ALARMA	TABLA
IRRESPONSABLE	Reconocimiento	*Enfrento la realidad y soy responsable de mi éxito*	Helichrysum	Trompa de Eustaquio	B, G
IRRITACIÓN	Felicidad	*La felicidad corre a través de mí*	Cinnamon Bark	Cabeza del páncreas	C, E
JUICIO	Considerar	*Discierno*	Joy	Plexo solar	D, G
LAGUNA MENTAL	Unidad	*Me decido*	Brain Power o GeneYus	Paladar (chuparse el dedo)	
LAMENTAR / REMORDIMIENTO (Autoculpabilidad)	Satisfecho	*Entiendo esta experiencia*	Lemon	Amígdala	B, D, H
LENTO	Vivo	*Me permito estar aquí*	Inspiration	Huesos del oído	B
LIBERACIÓN CATÁRTICA	Ver DEJAR IR				
LIDIAR (Inhabilidad para)	Vivir	*Vengo de mi fuerza*	Valor o Valor II	Glóbulos blancos	F
LIMBO	Confiar	*Soy divinamente guiado*	Palo Santo	Tercer Ojo	A, E
LIMITACIÓN	Empoderamiento	*Acepto la totalidad de quien soy*	Transformation	Energía vital	E
LIMITADO	Liberación	*Estoy dispuesto cambiar*	Into the Future	Infección	B, F
LÍMITES (Falta de)	Ver Respeto (Falta de) o Desprecio				
LÍMITES EMOCIONALES	Ver Comprometerse con uno mismo				
LUCHA	Claridad	*Acepto mis emociones*	Abundance	Ojo parietal	B
MACHACADO	Expandir	*Me levanto*	Harmony	Sangre	C
MAL (presentimiento)	Cambio	*Estoy creando*	Gathering	Riñón	D, G, H
MAL HUMOR	Estable	*Soy querido y adorable*	Peace & Calming	Hormonas	A, E

EMOCIÓN	LA OTRA CARA	SALIDA	ACEITE	PUNTO DE ALARMA	TABLA
MALENTENDIDO	Apoyado	*La verdad me apoya*	Idaho Blue Tansy o Idaho Tansy	Cuerdas vocales	A, B, C
MALICIA	Benevolencia	*Estoy protegido*	Present Time	Protector del corazón	D
MALTRATARSE A UNO MISMO	Ver Castigo				
MANIFESTAR	Rechazo	*Expreso*	Dream Catcher	Laringe	A, C
MANIPULACIÓN	Comprensión	*Veo lo que es razonable*	Basil	Primera costilla	C, F
MAREO (o Vértigo*)	Dirigido	*Retomo mi movimiento*	Frankincense	Oreja media	B
MEJOR QUE, MENOS QUE	Ver Inferioridad y/o Indigno, Menos que				
MEMORIA CELULAR (Limpiar)	Libertad	*Libero el pasado*	Inner Child	ADN	B
MENOS QUE (Ser)	Compartir	*Soy apropiado*	Humility	Médula	B, F
MENOSPRECIO	Reconocido	*Me veo*	Lime	Visión	B
MENTE (Súper activa)	Quietud	*Permito*	Vetiver	Ojo parietal	B
MENTIRAS	Verdad	*Sabiduría*	Copaiba	Médula espinal	B, F
MERECER	Ver culpa				
MIEDO	Conciencia / Fe (Enfrentarse)	*Me enfrento a lo desconocido*	Royal Hawaiian Sandalwood o Sandalwood	Tercer Ojo	A, E
MISERABLE	Alegría	*Soy libre*	Joy	Conducto hepático	E
MOLESTIA	Feliz	*Me relajo*	Highest Potential	Coraje	E

---

* Vértigo – Perder el equilibrio

Aceites esenciales

EMOCIÓN	LA OTRA CARA	SALIDA	ACEITE	PUNTO DE ALARMA	TABLA
MUERTE/VIDA (Miedo a la)	Vida	*Soy un éxito*	Helichrysum	Arterias	B, D
NECESIDAD	Felicidad	*Soy feliz*	Bergamot	Hormonas	A, E
NEGACIÓN	Aceptación	*Reconozco*	Endoflex	Visión	B
PENSAMIENTOS NEGATIVOS Y ERRÓNEOS	Verdad	*Dejo ir los espejismos*	Purification	Bacterias	D
NEGLIGENCIA / SER DESCUIDADO	Ver No ser lo suficientemente bueno				
NERVIOSO	Presente	*Estoy presente*	Present Time	Periostio	H
NO APRECIADO	Importante	*Tengo un propósito*	JuvaFlex	Pulmón	C, G, H
NO CONFIABLE	Ver Juicio				
NO CONFIAR EN UNO MISMO	Ver Traición				
NO DESEADO	Ver Rechazo				
NO DESEADO	Deseado	*Estoy alineado*	Sacred Frankincense	Ego	E, H
NO ES JUSTO	Ver Injusticia				
NO ES SUFICIENTE	Mucho	*Pido y acepto*	Abundance	Centro del corazón	E
NO ESTOY A SALVO (si) – Soy yo – Estoy en mi cuerpo – Expreso mi esencia – Vivo en este mundo	Protegido	*Soy libre para:* *– Ser yo* *– Estar en mi cuerpo* *– Expresar mi esencia* *– Vivir en este mundo*	Gratitude	Ovarios/ Testículos	C

EMOCIÓN	LA OTRA CARA	SALIDA	ACEITE	PUNTO DE ALARMA	TABLA
NO SER LO SUFICIENTEMENTE BUENO	Aceptación	*Muestro lo mejor de mí*	Humility	Pericardio	E
NO QUERER PERDERSE NADA	Ver Abandono y/o Privado y/o Dejado atrás				
NO PERTENCER	Aceptación	*Me valoro*	Acceptance	Plexo solar	D, G
NO PUEDO	Puedo	*Acepto todo lo que soy*	Transformation	Virus	D, E, H
NO QUIERO	Ver Rebelión				
NO QUIERO ESTAR AQUÍ	Estar vivo	*Amo la vida*	Citrus Fresh	Páncreas	C, G, H
NO RECIBIR LO SUFICIENTE	Satisfecho	*Estoy satisfecho*	Copaiba	Estómago	C, E, G, H
NO SÉ DÓNDE IR	Ver Desesperación				
NO SER IMPORTANTE	Valor	*Asumo la responsabilidad personal*	Pine	Membrana mucosa	A, C
NOSTALGIA	Acogimiento	*Soy receptivo*	Exodus II	Constrictor del corazón	C
OBLIGACIÓN	Entusiasmo	*Soy apasionado*	Cinnamon Bark	Hipotálamo	A, E
OBSESIÓN	Ver Escasez				
OBSTINADO	Motivado	*Tengo voluntad*	Mountain Savory	Hígado	C, D, G, H
ODIARSE	Ver Amor				
ODIO	Perdón	*Me perdonan*	Ledum	Conducto hepático	E
OPRIMIDO	Libre (encontrar un aspecto de uno mismo)	*Sigo mi sueño*	Build Your Dream o Dream Catcher	Sentimientos	D
ORGULLO (Falso)	Ver Injusticia				

Aceites esenciales

EMOCIÓN	LA OTRA CARA	SALIDA	ACEITE	PUNTO DE ALARMA	TABLA
PÁNICO	Tranquilidad	*Paz; estar en calma*	Trauma Life	Presión arterial	E
PARALIZADO	Vital	*Me muevo con facilidad*	Eucalyptus Blue	Vejiga	C, E, G, H
PARALIZADO	Motivado	*Estoy inspirado*	Inspiration	Médula	B, F
PARANOICO	Rendirse	*Confío*	Surrender	Esófago	E, G
PASADO (Miedo a repetir el)	Conciencia	*Aprendo de todas las experiencias de la vida*	Forgiveness	Vesícula biliar	C, G, H
PATÉTICO	Vitalidad	*Soy vital*	White Angelica	Aorta	C
PAVOR	Pasión	*Acojo mi esencia*	Live w/Passion o Royal Hawaiian Sandalwood	Arterias	B, D
PELEÓN	Calmante	*Estoy equilibrado*	Jade Lemon	Pulmón	C, G, H
PERCEPCIÓN ERRÓNEA	Comprensión	*Dejo ir mi perspectiva*	Acceptance	Hongo	E
PERDER (No querer perderse nada)	Ver Privado y/o Abandono y/o Ser dejado atrás				
PERDER (una batalla)	Crecimiento	*Soy consciente*	Valor o Valor II	Cuerpo físico	A
PERDER EL TIEMPO	Hacia delante	*Soy claro*	Hong Kuai	Médula espinal	B, F, H
PÉRDIDA	Ganancia	*Me doy permiso para dar y recibir*	Present Time	Articulación temporomandibular	B
PERDERSE UNO MISMO	Identidad	*Soy único*	Journey On	Ovarios/Testículos	C
PERDIDO	Dirección	*Conecto con mi Sabiduría interna*	Grounding	Fuente	F
PEREZOSO	Iniciativa	*Estoy motivado*	Spearmint	Conducto pancreático	E

EMOCIÓN	LA OTRA CARA	SALIDA	ACEITE	PUNTO DE ALARMA	TABLA
PERSEGUIDO	Revertido	*Expreso sabiduría*	Valor o Valor II	Riñón	D, G, H
PERTENECER (No)	Ver No pertenecer				
PERTURBADO	Ver Anulación				
PETRIFICADO	Armonía	*Me desapego*	Roman Chamomile	Cuello uterino/Pene	C
POBRE	Apoyo	*Expreso mi pasión*	Abundance	Memoria celular	D, H
PODER (Figuras de autoridad)	Armonía (espiritual)	*Conductividad espiritual*	Spikenard o Egyptian Gold	Raíz nerviosa	E
POSESIVIDAD	Compartir	*Expreso*	Ylang Ylang	Nuez Quinto chakra	A, C
PREOCUPACIÓN	Tranquilidad	*Estoy centrado*	Rosewood o Tea Tree	Presión arterial	E
PREOCUPADO	Abundancia	*Voy a las profundidades*	Abundance	Esófago	E, G
PRESUNCIÓN	Docilidad	*Sé quién soy*	Cedarwood	Hipotálamo Sexto Chakra	A, E
PRIVADO	Satisfecho	*Estoy satisfecho*	JuvaFlex o Birch	Articulaciones y cartílagos	E
PRIVILEGIADO	Respetuoso	*Soy compasivo*	Lemon	Paratiroides	A, B, D, G, H
PROCRASTINACIÓN (Falta de dirección)	Acción	*Actúo*	Lemon Myrtle	Intestino delgado	D, G, H
PROPÓSITO (No cumplir con)	Triunfar	*Yo triunfo*	Vetiver	Pituitaria	A, E, G, H
PROTECCIÓN (No tener)	Seguridad	*Mi conexión espiritual me protege*	Thyme	Memoria celular	D, H
¿QUÉ PASA CONMIGO?	Ver No ser lo suficientemente bueno				
QUEMADO	Alivio	*Recibo*	Hyssop	Médula espinal	B, F, H

Aceites esenciales

EMOCIÓN	LA OTRA CARA	SALIDA	ACEITE	PUNTO DE ALARMA	TABLA
"QUE TE JODAN"	Desapego	*Estoy en mi poder*	Frankincense	Ego	E, H
QUERER COMPLACER	Desapego	*Soy amado*	Geranium	Constrictor del corazón	C
RABIA	*Ver Violencia*				
REBELIÓN	Unidad	*Soy uno con todo lo que es*	Release	Vértice Séptimo Chakra	B, C, F
RECHAZO (Apartar la vida)	Expansión	*Soy alegre*	Fennel o Kunzea	Páncreas	C, G, H
RECHAZO (Rechazar la vida)	Expansión	*Estoy contento*	Kunzea	Páncreas	C, G, H
RECHAZO	Aceptación	*Acepto todo lo que soy*	Purification	Pulmón	C, G, H
RECONOCIMIENTO	Libertad	*Es seguro ser visto*	Purification	Filtro	B, F
REGAÑADO	Apoyado	*Soy fuerte*	Davana	Tiroides	A, C, G, H
REMORDIMIENTO	Resarcimiento	*Hago las paces*	Lemon	Amígdalas	B, D, H
RENDIRSE – o ¿De qué sirve? o Experimentar las emociones o ¿A quién le importa?	*Ver No ser lo suficientemente bueno o No importante*				
REPRESIÓN	Creatividad	*Cambio mi percepción*	Clarity	Ovarios/Testículos	C
REPRIMIR EMOCIONES	Hablar	*Soy querido y adorable*	Present Time	Colon sigmoide	E, G
REPUDIADO	*Ver Esclavizado*				
RESENTIMIENTO	Aceptación	*Yo soy querido, adorable y me siento completo*	Lemongrass	Conducto hepático	E
RESIGNACIÓN	Dirigido internamente	*Soy responsable*	Valor o Valor II	Diafragma	C, G
RESISTENCIA (Miedo al movimiento)	Apertura	*Doy la bienvenida al cambio*	Surrender	Amígdala	A, C

EMOCIÓN	LA OTRA CARA	SALIDA	ACEITE	PUNTO DE ALARMA	TABLA
RESOLUCIÓN	Expansión	*Expando mi conciencia*	White Angelica	Fibras transversales	B, F
RESPETO (Falta de)	Honor	*Me permito ser real*	Hope	Percepción sensorial	A
RESPONSABILIDAD	*Ver Control*				
RESTRICCIÓN	Movilidad	*Estoy abierto a nuevas experiencias*	Legacy o Peppermint	Médula	B, F
RETRAÍDO	Desapego	*Soy libre*	Valor o Valor II	Pineal	B, F, H
RETRIBUCIÓN	*Ver Venganza*				
REVANCHA	Desapego	*Perdono*	Dorado Azul o Forgiveness	Puente de Varolio	A, B, D
RIDÍCULO	Aplaudido	*Soy honorable*	Orange	Sentimientos	D
RIGIDEZ	Diversión	*Es un juego cósmico*	Legacy o Peppermint	Metales pesados	E
SABIDURÍA (Miedo a la)	Iluminación	*Enfrento el miedo*	Ylang Ylang	Pituitaria	A, E, G, H
SABOTAJE (A uno mismo o a otras personas)	Reestablecer	*Dejo ir viejos patrones*	Rosemary	Locus cerúleo	B, F
SALVADOR	Regeneración	*Expreso autosuficiencia*	Cistus (Rose of Sharon)	Canal de energía	C
SARCÁSTICO	Congruente	*Soy armonioso*	Harmony	Cerebro	A, B, E, G, H
SATISFECHO	*Ver Insatisfecho*				
SECRETO	*Ver Vergüenza*				
SEGURIDAD	*Ver Inseguridad*				
SEPARACIÓN	Integrado	*Estoy conectado*	German Chamomile	Alma (C2)	B, F

Aceites esenciales

EMOCIÓN	LA OTRA CARA	SALIDA	ACEITE	PUNTO DE ALARMA	TABLA
SEPARAR	Completar	*Estoy conectado a _____*	Idaho Balsam Fir o Idaho Blue Spruce	Vértice Octavo Chakra	B, C, F
SHOCK	Centro	*Estoy en armonía*	Melissa	Tercer Ojo	A, E
SIMPATÍA	Empatía	*Dejo ir y confío en Dios*	White Angelica	Plexo solar	D, G
SIN AYUDA (Sentirse o estar)	Seguro	*Tomo responsabilidad*	Birch o Idaho Balsam Fir o Idaho Blue Spruce o JuvaFlex o Wintergreen	Ligamento	F, H
SIN PERDÓN	Perdón	*Bendigo*	Forgiveness	Presión arterial	E
SIN PROGRESO	*Ver No ser importante*				
SIN VIDA	Existir	*Existo*	Valerian	Línea hara (mitad) entre Ego y plexo solar	D
SÍRVEME	*Ver Privilegiado*				
SOBRECARGADO	*Ver Abrumado*				
SOFOCADO	Liberación	*Me libero*	Lemon	Pleura	C
SOFOCADO	Respirar	*Puedo respirar*	Lemon	Pleura	C
SOLEDAD	Aceptación de todo lo que es	*Acepto*	Aroma Life	Protector del corazón	D
SOLEDAD	Conexión con todo lo que es	*Voy a un espacio amoroso*	White Angelica	Corazón	B, G, H
SOLO (Estar)	Unidad	*Estar plenamente aquí*	Purification	Estafilococo	B
SORPRENDIDO	Consciente	*Estoy alerta*	Rosewood o Tea Tree	Hueso temporal Porción mastoidea	B
SOSPECHOSO	Honesto	*Estoy a salvo*	Marjoram	Núcleo Rafe	B, F
SUPERIOR A, MEJOR QUE	*Ver No ser lo suficientemente bueno*				

EMOCIÓN	LA OTRA CARA	SALIDA	ACEITE	PUNTO DE ALARMA	TABLA
SUPERVIVENCIA	Unidad	*Soy uno con todo lo que es*	Cedarwood o Western Red Cedar o Canadian Red Cedar	Cuello uterino/Pene Primer Chakra	C
SUPRESIÓN	Armonía	*Expreso mi esencia*	Juniper	Riñón	D, G, H
TERCO	Flexible	*Soy objetivo*	Chivalry o Harmony	Estómago	C, E, G, H
TERROR	Seguridad	*Me rindo*	Onycha o Sandalwood	Peritoneo	C
TÍMIDO	Atrevido	*Me comunico Sabiduría*	One Voice	Cuerdas vocales	A
TOXICIDAD (química / electromagnética / emocional)	Transformación	*Al vacío*	Legacy u Oregano*	Conector Ovarios/Testículos	B C
TRAGAR EMOCIONES	Ver Emociones tragadas				
TRAICIÓN (Miedo a la)	Confianza	*Tengo el coraje de aceptar la verdad*	Forgiveness	Páncreas	C, G, H
TRAICIONARSE A UNO MISMO	Expresarse	*Vivo mi divinidad*	Live Your Passion o Gary's Light	Voluntad @C5	B
TRAUMA	Crecimiento	*Estoy a salvo al crecer*	Relieve It o Trauma Life	Sentimientos	D
TRISTEZA	Alegría	*Veo el humor en la situación*	Lemon	Sistema Nervioso Central/Linfa	A, B, C
TURBADO	Aliviado	*Soy alegre*	Kunzea	Centro del corazón	E
USADO	Empoderado	*Soy fiel a mi esencia*	Trauma Life	Nervio	C, D, F
USADO (Ser)	Respetado	*Respeto quien soy*	Jasmine	CX@CV-5 Circulación/Sexo	C, E
VACÍO	Ver Confusión				
VACÍO (Sentimiento de)	Lleno	*Estoy completo*	Lemon	Pecho	D, E

---

* Orégano puede irritar la piel sensible, especialmente en la frente. Añade un aceite vegetal a la gota de aceite antes de aplicarlo en la frente, o simplemente toca los puntos en tu frente sin aplicar el aceite.

Aceites esenciales

EMOCIÓN	OTRA CARA	SALIDA	ACEITE	PUNTO DE ALARMA	TABLA
VENGANZA	Ver Revancha				
VER (Miedo a)	Conciencia	Es seguro ver	Purification	Ojos (solo en manos y pies)	G, H
VERDAD (Miedo a escuchar la)	Escuchar al espíritu/ /Dios/ Jehová/Yahvé	Confío	Helichrysum	Tubo de Eustaquio	B, G
VERGÜENZA	Comprensión	Aprendo de todas las experiencias de la vida	White Angelica	Hipotálamo	A, E
VERGÜENZA	Ver No ser suficiente				
VÍCTIMA (Conciencia)	Fuerza interna (Conectar con)	Soy la causa	Magnify Your Purpose	Alergia	C
VÍCTIMA (Ser una)	Responsabilidad propia	Soy real	Peace & Calming	Nervio	C, D, F
VIDA (Supresión de)	Contacto	Me regenero	Manuka o Myrtle	Energía vital	E
VIOLACIÓN	Ver Violado				
VIOLADO	Honrado	Te respeto	Sensation	Útero/Próstata	C
VIOLENCIA	Dirección	Expreso paz	Purification	Hígado	C, D, G, H
VOLUNTAD (Mal uso de la)	Divinamente guiado	Escucho mi sabiduría interna	Spikenard o Egyptian Gold	Disco	D
VULNERABLE	Completo	Soy uno con todo lo que es	Oregano*	Sistema de activación reticular	B, F

* *Orégano* puede irritar la piel sensible, especialmente en la frente. Añade un aceite vegetal a la gota de aceite antes de aplicarlo en la frente, o simplemente toca los puntos en tu frente sin aplicar el aceite.

CHAKRAS o CENTROS DE ENERGÍA

Es mi intención devolver mi cuerpo, mente y espíritu al punto de perfección, ahora mismo.

CHAKRA	EMOCIÓN	LA OTRA CARA	SALIDA	ACEITE	PUNTO DE ALARMA	TABLA
CORAZÓN	Codicia	Dar	*Soy suficiente*	White Angelica	Constrictor del corazón	
CORONA	Rebelión	Unidad	*Soy uno con todo lo que es*	Release	Vértice	B,C,F
ENTRADA DIVINA	Maldad	Amor	*Yo trasciendo*	Sacred Sandalwood o Royal Hawaiian Sandalwood	Fontanela posterior	B
ESTRELLA ESPIRITUAL	Denso	Alegre	*Acepto*	Inspiration	Vértice - 12" por encima de la coronilla	B,C,F
ESTRELLA DEL ALMA	Separado	Completo	*Conectado al Espíritu Di-vino/Dios/Jehová/ Yahvé/Todo lo que es Idaho*	Grand Fir o Idaho Balsam Fir o Idaho Blue Spruce	Vértice 8" por encima de la coronilla	B,C,F
GALÁCTICO	Cerebro lavado	Sabiduría	*Evoluciono*	Ignite	Parte frontal de la oreja en el trago	B
GARGANTA	Posesividad	Compartir	*Expreso*	Ylang Ylang	Prominencia de la laringe	A,C
PLEXO SOLAR	Divina con-ciencia (ser parte de)	Manifestación divi-na/Fuente/ Conciencia de	*Cristo Soy consciente*	Sacred Mountain	Plexo solar por encima de la coronilla	D, G
RAÍZ	Supervivencia	Unidad	*Soy uno con todo lo que es*	Cedar-wood/Canadian o Western Red Cedar	Cuello del útero/ Pene	C
SACRO	Expectativas	Agradecer	*Estoy completo dentro de mí*	Sara	Vejiga	C,E,G
TERCER OJO	Arrogancia	Mansedumbre	*Sé quién soy*	Cedarwood	Hipotálamo	A,E
ESTRELLA DE TIERRA	Despilfarro	Vida Fuerza	*Conecto*	Red Cedar	Bliss Plantas de los pies	
UNIVERSAL	Sin	Armonía	*Me relaciono*	Sacred Angel	Vértice - 16" por encima de la coronilla	B,C,F

Los chakras o centros de energía

Los chakras son centros de energía que se encuentran en la mitad del cuerpo y se extienden por la parte delantera y trasera del torso. Se interpretan y entienden de distintas maneras según las diferentes enseñanzas y prácticas. Aquí mencionamos trece chakras con sus respectivas emociones asociadas, desde el Chakra Cero hasta el Chakra Doce. El Chakra Cero es el Chakra de la Estrella de la Tierra, que representa la conexión con la Energía de la Tierra y la Fuerza Vital que yace bajo nuestros pies. Los siete chakras tradicionales se conocen como los chakras físicos y comienzan con el primer chakra alrededor del hueso de la cola, y suben por la columna vertebral hasta el séptimo chakra en la parte superior de la cabeza. Los chakras Ocho a Doce son los chakras etéricos que nos abren a la evolución espiritual potencial de nuestras almas en esta vida.

Las emociones se proyectan y reciben a través de la energía transmitida por los chakras. Una vez que se generan o se aceptan en nuestro campo energético, se desplazan por el cuerpo a través del sistema de meridianos, compuesto por canales de energía que alimentan todas las glándulas, órganos y sistemas. Al igual que las zonas del cuerpo, las emociones tienen frecuencias vibratorias específicas y se acumulan en zonas con la misma frecuencia. Esta es la razón por la que determinadas emociones se asocian a áreas específicas del cuerpo y por la que los chakras están conectados al sistema meridiano.

ARMONÍA DE LOS CHAKRAS

La afinación añade una dimensión adicional a la limpieza de los Chakras que, además de limpiarse, pueden alinearse, y los aspectos positivos pueden mejorarse. La afinación puede utilizarse para eliminar la depresión, sanar la mente y el cuerpo, así como para crear la vida que quieres. Utilizamos los sonidos vocales porque proporcionan poder al lenguaje, mientras que las notas musicales sientan las bases.

Idealmente, debes comenzar limpiando todos los chakras en todos los niveles, empezando por el primer chakra o chakra raíz, vamos ascendiendo hasta acabar con el octavo chakra, la base del cual se encuentra 20,3 cm por encima de la cabeza.

Empieza aplicando una gota del aceite asociado, Cedarwood, Canadian o Western Red Cedar, utilizados para el primer chakra o chakra raíz, en la palma de tu mano no dominante y, para activar el aceite elegido, frota con la mano dominante en el sentido de las agujas del reloj. Después, aplica el aceite en el punto chakra, en este caso el hueso púbico, los puntos emocionales en la frente, encima de la cabeza, la médula espinal o el punto de liberación y los dos puntos de filtración. Luego, huele el aceite, siente los dos lados de la emoción y di la afirmación o "salida". Toca la nota C y afina el sonido de la vocal correspondiente "U" que se pronuncia "Ju" y es un nombre ancestral para la palabra Dios. Respira con una inhalación profunda y exhala, liberando cualquier energía guardada. Huele el aceite, siente ambos lados de la emoción y di la afirmación. Toca la nota y afina el sonido de la vocal, finalizando con un suspiro liberador. Repítelo una tercera vez para despejar las tres capas en la parte delantera del cuerpo.

Estas tres capas corresponden a las tres capas de energía que se extienden a lo largo del cuerpo físico. La primera tiene que ver con la salud o a la energía física del cuerpo y contiene las reservas de energía que guardas para ti. Esta capa normalmente se aprecia mejor a aproximadamente cuatro 10,16 cm del cuerpo. La segunda capa es primordialmente emocional y contiene la energía que tenemos para los demás; se encuentra a ocho 20,3 cm del cuerpo aproximadamente. La última está asociada con el cuerpo mental, que se extiende cerca de 12 30,4 cm del cuerpo (e incluso más allá). Los tres aspectos de afinar, tocar, escuchar y liberar corresponden a la mente, el cuerpo y el espíritu, y así ayudan y mejoran la función, el crecimiento y el desarrollo.

Para limpiar las tres capas de la parte posterior del cuerpo, repite el procedimiento afinando C# (Do sostenido) en vez de C (Do) tres veces. El tercer, el séptimo y el octavo chakra solo tienen una nota (no sostenida), así que la afinación solo se hace tres veces, para limpiar tanto los chakras delanteros como los traseros. Al principio del día, afinar y limpiar los chakras con aceites es una excelente manera de alinear tu campo energético, o bien recapitular y relajarte antes de irte a dormir. El vídeo "Armonía de los Chakras" fue diseñado para que lo uses de manera activa para mejorar tu experiencia, o pasivamente como sonido de fondo para suavizar y equilibrar tu campo energético y tu ambiente.

Para hacerlo de manera rápida, haz la prueba con cada chakra y trata solo los que están desequilibrados. El octavo chakra es el más poderoso, ya que afecta la tercera capa o campo energético exterior y envuelve todos los chakras y las energías que estos contienen. Afina tres veces para corregir, llevando tu mano desde encima de la cabeza y bajando por los lados, la espalda, y el frente de tu cuerpo, al mismo tiempo que limpiarás tu campo y sellarás tu aura con tu intención. Repite la prueba para confirmar la corrección, y determina si es necesario mejorar algún otro aspecto. Trabajar con el octavo chakra equilibrará tu energía para el resto del día, y así te ayudará a acercarte al mundo con un campo limpio y atraer el deseo de tu corazón.

En la siguiente página se presentan los chakras, con la correspondiente afinación y el sonido de su vocal. Ambas caras de la emoción y la "salida" se combinan en una sola afirmación. (Puedes decidir si quieres relacionar otras emociones de forma similar).

TABLA DE AFINACIÓN ARMÓNICA DE LOS CHAKRAS

1. CHAKRA RAÍZ

Aceite: Western o Canadian Red Cedar; Ubicación: Hueso Púbico; Nota: C, C# (Do, Do#); Sonido vocal: U (ju)

Soy uno con todo lo que es, lo que me permite ir de la **Supervivencia** a la **unidad**.

2. CHAKRA CREATIVO

Aceite: SARA; Ubicación: Vejiga; Nota: D, D# (Re, Re#); Sonido vocal: O

Apreciación. Estoy completo conmigo mismo, lo que me permite deshacerme de las **expectativas** y comenzar a **apreciar.**

3. CHAKRA PLEXO SOLAR

Aceite: Sacred Mountain; Ubicación: Plexo Solar; Nota: E (Mi); Sonido vocal: A (Aj)

Soy consciente, lo que me permite salir de la **Conciencia** colectiva y manifestar la **Conciencia divina**.

4. CHAKRA CORAZÓN

Aceite: White Angelica; Ubicación: Corazón; Nota: F, F# (Fa, Fa#); Sonido vocal: A

Soy suficiente, lo que me permite dejar la **Codicia** y **Dar** libremente.

5. CHAKRA GARGANTA

Aceite: YlangYlang; Ubicación: Garganta; Nota: G, G# (Sol, Sol#); Sonido vocal: I

Me expreso, lo que me permite dejar la **Posesividad** y **Compartir libremente**.

6. CHAKRA TERCER OJO

Aceite: Cedarwood; Ubicación: Tercer Ojo; Nota: A, A# (La, La#); Sonido vocal: E

Soy el que soy, lo que me permite dejar las **presunciones** y encarnar la **Mansedumbre**.

7. CHAKRA CORONA

Aceite: Release; Ubicación: Coronilla; Nota: B (Si); Sonido vocal: E

Soy uno con todo lo que es, lo que me permite liberar la **Rebeldía** y experimentar la **Unidad**.

8. CHAKRA ESTRELLA

Aceite: Idaho Balsam Fir; Ubicación: 20,3 cm por encima de la coronilla; Nota: C Alto (DoM); Sonido Vocal: U (Ju)

Es mi intención devolver a mi Cuerpo, Mente y Espíritu al punto de Perfección.

Carolyn L. Mein, doctora quiropráctica

LIMPIEZA DE PATRONES EMOCIONALES

Puede consultar el video de demostración del proceso de liberación de patrones emocionales con aceites esenciales en:

www.bodytype.com/videos/videos

Para cambiar un patrón emocional debemos identificar la emoción, entender el patrón y ser consciente de la otra manera de expresar el sentimiento, así como aprender de la lección. Si no aprendemos de la experiencia, continuaremos recreando situaciones similares. Una vez que aprendemos cómo cambiar el sentimiento bloqueado, somos libres.

La sanación de un patrón de la memoria celular supone ser consciente a todos los niveles: mental, emocional, espiritual y físico. Hasta que la respuesta condicionada no sea liberada del cuerpo (físico/emocional), el comportamiento continuará, al igual que la respuesta condicionada del perro de Pavlov. El cuerpo puede ser despejarse al acceder a las emociones a través de los puntos de alarma y el sistema límbico del cerebro (al cual se accede por el olfato).

Las emociones se liberan al sentir ambas polaridades, la negativa y la positiva, lo que nos da acceso a ambas caras de la moneda. Por lo general, resurgirán situaciones similares del pasado, y muchas de ellas podrán ser liberadas simplemente al ser conscientes de ellas.

El reconocimiento se lleva a la conciencia (mental/espiritual) al identificar la emoción, su otra cara, y la lección o la salida de un estado de malestar.

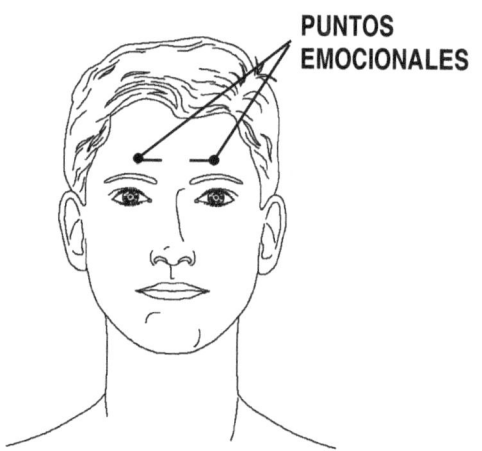

Procedimiento de limpieza

1. Identifica y SIENTE la EMOCIÓN.

2. Huele el ACEITE apropiado, llevándolo a todas tus células.

3. **SIENTE** la OTRA CARA de la emoción.

4. Aplica el aceite en los PUNTO(S) DE ALARMA.

5. Aplica el aceite, o simplemente toca los PUNTOS EMOCIONALES en las eminencias frontales.

6. Enfócate o di la AFIRMACIÓN que proporciona la salida, lo cual te permitirá ir de un estado negativo a uno positivo. Continúa inhalando el aceite hasta que sientas el cambio de energía.

7. Repetir según sea necesario.

Nota: La frecuencia de aplicación dependerá de la profundidad del patrón emocional. La manera más rápida de limpiar problemas arraigados es 18 veces al día durante 7 semanas, pero... recuerda: eres libre de escoger tu ritmo. La longitud del tiempo es inmaterial. Dependerá de ti que el proceso tome 7 semanas o 7 meses. Como hacerlo todas las horas en las que permanezcas despierto suele ser poco práctico, el proceso puede hacerse cada 15 minutos, así se puede hacer por ejemplo 4 o 6 veces antes del trabajo, varias veces durante el día, y luego completarlo por la noche cuando llegas a casa.

Aceites esenciales

Llevar a cabo el proceso de limpieza por la noche, antes de ir a la cama, permite al subconsciente procesar los patrones emocionales durante el estado de sueño. Al aplicar el aceite o los aceites en el difusor al lado de la cama o en una bolita de algodón en tu almohada, podrás inhalar el aceite mientras duermes. Otras maneras de reducir la frecuencia de aplicación consisten en incluir los aceites en la ducha o baño y antes de la meditar o hacer ejercicio.

Ya que algunos de los puntos de alarma en el cuerpo son de difícil acceso, como por ejemplo el hígado, a veces quizás sea mejor usar el punto correspondiente en la mano. Consulta el cuadro de la mano para ver la ubicación exacta.

A medida que las emociones afloran, necesitan ser liberadas. Actividades como escribir, hablar, hacer ejercicio y darte un baño salado o dulce generalmente son de gran ayuda. Si la liberación emocional resulta demasiado intensa, reduce la frecuencia o descansa y alarga el tiempo. Quizá tengas que atender emociones relacionadas o correspondientes antes de limpiar el problema de raíz.

Puedes tratar diferentes emociones con el mismo aceite, o emociones relacionadas que requieren diferentes aceites. Un aceite o emoción puede seguir inmediatamente al otro. Respétate a ti mismo y presta atención a lo que es mejor para ti.

Sensibilidad al aceite

Algunos aceites son fuertes y pueden irritar la piel sensible, especialmente la cara y la frente. Si sientes escozor o resequedad, diluye el aceite con V6 o cualquier aceite vegetal. Si experimentas dificultades con algún aceite, solo tienes que inhalarlo y tocar los puntos de alarma y emocionales mientras sientes las emociones y dices la afirmación.

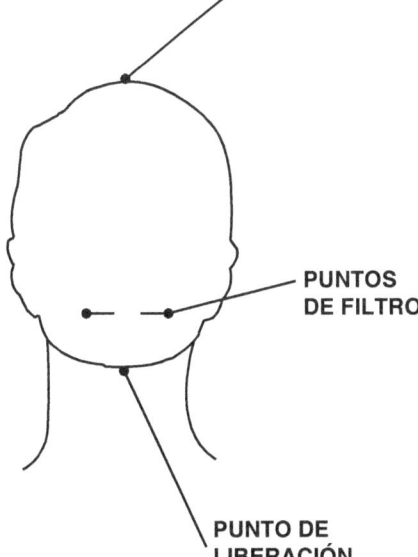

Ciertos aceites, tal como *Lemon* pueden ser fotosensibles y quemar la piel bajo la exposición solar. Usa esos aceites con precaución, preferiblemente oliéndolos en vez de aplicándolos.

Una vez que se ha usado el aceite, sentir las emociones y decir la afirmación suele ser un método efectivo si no es conveniente aplicar el aceite en ese momento.

El Elemento Más Importante es la Intención.
Siente las emociones y enfócate en la afirmación. Puede que a veces la afirmación no sea clara. A medida que trabajas con ella, emergerá un nuevo nivel de conciencia. Este es un proceso de aprendizaje y desarrollo.

Mejora del proceso de limpieza

Una vez que el aceite esencial ha sido aplicado en los puntos de alarma y las eminencias frontales, también puede aplicarse en los puntos de la fontanela anterior, la médula espinal o de liberación en la base del cráneo.

El punto de liberación ayuda a liberar el patrón emocional, mientras que los puntos de filtración sirven para filtrar las energías que podrían llevar a la persona a volver a repetir el antiguo patrón.

Carolyn L. Mein, doctora quiropráctica

LIMPIEZA DE PATRONES EMOCIONALES – FICHA DE EJERCICIOS

- *Limpiar un patrón emocional* requiere acceder a todas las áreas: mental, emocional, espiritual y física.
- *El reconocimiento* lleva el patrón a la conciencia mental.
- *Sentir tanto la polaridad negativa como la positiva* de la emoción ayuda a liberarla.
- *Centrarse en o decir la afirmación* que ofrece una salida te permite aprender la lección accediendo a lo espiritual.
- Se accede a lo físico *cuando aplicamos el aceite en los puntos de alarma y emocionales,* liberando la respuesta condicionada retenida en el ADN y la memoria celular.
- *Una vez que aprendemos la lección* y limpiamos el ADN, el patrón deja de ser un problema: *somos libres.*

Proceso de limpieza:

1) Identifica la EMOCIÓN: _____

2) Aplica el aceite correspondiente en los PUNTOS DE ALARMA: _____

3) Aplica el aceite en los PUNTOS EMOCIONALES, o simplemente tócalos. Los puntos VÉRTICE, LIBERAR y FILTRO son opcionales: _____

4) Huele el aceite y SIENTE la EMOCIÓN: _____

5) SIENTE la OTRA CARA de la emoción: _____

6. Di la afirmación de la SALIDA:

7. Repite estos pasos las veces que sean necesarias.

NOTA: La frecuencia de aplicación depende de la profundidad del patrón emocional. La forma más rápida de limpiar problemas profundos o esenciales es repetirlo 18 veces al día durante 7 semanas, pero recuerda que eres libre de elegir tu propio ritmo. La duración es irrelevante. Tú decides si tardas 7 semanas o 7 meses. Como no suele ser práctico realizarlo cada hora de vigilia, el procedimiento puede hacerse cada 15 minutos, y así quizá puedes hacerlo 4 a 6 veces antes del trabajo, varias veces durante el día y completarlo por la noche al llegar a casa.

Ya que algunos de los puntos de alarma en el cuerpo son de difícil acceso, como por ejemplo el hígado, a veces quizás sea mejor usar el punto correspondiente en la mano. Consulta el cuadro de la mano para ver la ubicación exacta.

También puedes realizar la limpieza colocando el aceite en un difusor en la mesa de noche. Sigue el procedimiento de limpieza y pon el aceite en un algodón o en un difusor. Así, el subconsciente puede continuar trabajando en la limpieza emocional durante toda la noche.

A medida que las emociones afloran, necesitan ser liberadas. Actividades como escribir, hablar, hacer ejercicio y darte un baño salado o dulce generalmente son de gran ayuda. Si la liberación emocional resulta demasiado intensa, reduce la frecuencia o descansa y alarga el tiempo. Quizá tengas que atender emociones relacionadas o correspondientes antes de limpiar el problema de raíz. Puedes tratar diferentes emociones con el mismo aceite, o emociones relacionadas que requieren diferentes aceites. Un aceite o emoción puede seguir inmediatamente al otro. Respétate a ti mismo y presta atención a lo que es mejor para ti.

VARIACIÓN DE LA LIMPIEZA EMOCIONAL[10]
(SIN LA PRUEBA MUSCULAR)

1. Siente la emoción. Acéptala totalmente (si eres muy sensible y te preocupa quedarte "atrapado" en la emoción por miedo a no ser capaz de salir de ahí, quédate tranquilo de que esta técnica te va a ayudar a limpiar la emoción).

2. Respira profundamente inhalando el aceite apropiado, y repite el proceso tres (3) veces.

3. Siente la otra cara de la emoción.

4. Aplica el aceite en los puntos de alarma.

5. Aplica el aceite en los puntos emocionales de las eminencias frontales, en la médula espinal o el punto de liberación, los puntos de filtración detrás de la cabeza y fontanela anterior, encima de la cabeza.

6. Di la afirmación en voz alta, repitiéndola hasta que sientas que los bloqueos de energía se liberan y llegas a un punto de quietud.

7. Luego vocaliza la afirmación sin decir sonidos (haz los movimientos con tu boca, pero sin pronunciar las palabras. No funciona si solamente lo dices en tu cabeza). Repite la vocalización silenciosa de la afirmación hasta que los bloqueos de energía se disuelvan y otra vez llegues a un punto de quietud[10]

8. Acaba diciendo mentalmente la afirmación tres (3) veces.

9. Repite este procedimiento cada vez que esta emoción u otra emoción negativa aflore, o cuando surja un bloqueo emocional.

PROCEDIMIENTO DE LIMPIEZA PARA NIÑOS Y NIÑAS

Procedimiento para liberar la ira en niños

Aplica el aceite debajo de la nariz del niño y deja que lo huela. En el caso de la Ira, usamos el aceite *Purification*. Reconocemos la emoción al decir "¿Te sientes furioso, ¿verdad?". Podemos obtener un "Sí", o quizás no haya respuesta. Aplica una gota de *Purification* en la palma de tu mano no dominante y rótalo tres veces en sentido de las agujas del reloj para activar el aceite. Toca el punto de alarma del hígado en ambas manos y di "La otra cara de la ira es la risa" y sonríe.

Toca los dos puntos emocionales en la frente con el aceite *Purification* en tus dedos, o coloca la palma de tu mano (con el aceite) sobre la frente del niño o niña encima de los puntos emocionales, y di "La manera de pasar de la ira a la risa, es decir: *Mi dirección está clara*". Si es apropiado, puedes pedirle que diga "Mi dirección está clara"

Repite el procedimiento tantas veces como sea adecuado. Será beneficioso que te trates inmediatamente antes o después de tratar al niño o niña (así como también adolescentes), ya que ayuda a construir su autoestima. Al incluirte, el niño o la niña no siente que le esté pasando algo "malo" sino que las emociones son parte de la vida y podemos escoger cómo expresarlas.

---

[10] Contribución de Susan Ulfelder, s. f.

Referencias según el aceite esencial

REFERENCIA SEGÚN EL ACEITE
ACEITES, EMOCIONES Y PUNTOS DE ALARMA CORPORALES

ACEITE	EMOCIÓN	PUNTO DE ALARMA
ABUNDANCE	No ser lo suficiente	Centro del corazón
ABUNDANCE	Pobre	Memoria celular
ABUNDANCE	Escasez	Prominencia laríngea
ABUNDANCE	Lucha	Ojo parietal
ABUNDANCE	Preocupación	Esófago
ACCEPTANCE	Desaprobación	Intestino delgado
ACCEPTANCE	No pertenecer	Plexo Solar
ACCEPTANCE	Avergonzado	Hipotálamo
ACCEPTANCE	Inseguridad	Íleo
ACCEPTANCE	Percepción errónea	Hongo
ACCEPTANCE	Dolor	Bronquios
AROMA LIFE	Soledad	Protector del corazón
AROMA SIEZ	Inconsistencia	Inconsciente
AUSTRALIAN BLUE	Disgusto	Bronquios
AUSTRALIAN BLUE	Desarraigado	Vejiga
AUSTRALIAN KURANYA	Desanimado	Líquido cerebro espinal (GV-19)
AWAKEN	Conexión interdimensional	Puerta del sacro
AWAKEN	Expansión	Integración álmica
AWAKEN	Sin esperanza	Hueso temporal
BASIL	Manipulación	Primera costilla
BELIEVE	Deshonestidad	Bazo
BERGAMOT	Necesidad	Hormonas
BLUE TANSY o IDAHO TANSY	Intimidado	Hormonas
BLUE TANSY o IDAHO TANSY	Incomprendido	Cuerdas vocales
BRAIN POWER o GENEYUS	Apatía	Hipocampo
BRAIN POWER o GENEYUS	Laguna mental	Cerebro o Paladar
BUILD YOUR DREAM o DREAM CATCHER	Oprimido	Corazón (Cuerdas tendinosas)
CANADIAN FLEABANE	Intolerancia	Tóxico
CANADIAN o WESTERN RED CEDAR o CEDARWOOD	Incompleto	Voluntad @ C-5

Carolyn L. Mein, doctora quiropráctica

Aceites esenciales

ACEITE	EMOCIÓN	PUNTO DE ALARMA
CANADIAN o WESTERN RED CEDAR o CEDARWOOD	Supervivencia	Cuello uterino/Pene - Primer Chakra
CARDAMOM	Autocompasión	Íleo
CARROT SEED	Emociones Tragadas	Ovarios/Testículos
CASSIA o WINGS	Dependiente	Voluntad @ C5
CEDARWOOD	Presunción	Hipotálamo - Sexto Chakra
CELEBRATION	Intimidado	Plexo Solar
CELERY SEED o JUVA CLEANSE	Ambivalencia	Hipocampo
CHIVALRY o HIGHEST POTENTIAL	Ineficaz	Riñón
CHIVALRY o HARMONY	Terco	Estómago
CINNAMON BARK	Irritación	Cabeza del páncreas
CINNAMON BARK	Obligación	Hipotálamo
CINNAMON BARK	Falso	Intestino delgado
CISTUS (ROSE OF SHARON)	Salvador	Canal de energía
CITRONELLA	Insípido	Médula espinal
CITRUS FRESH	No quiero estar aquí	Páncreas
CLARITY	Estrés (emocional)	Integración cerebral
CLARITY	Culpa	Bazo
CLARITY	Represión	Ovarios/Testículos
CLARY SAGE o CANADIAN FLEABANE	Intolerancia general	Tóxico
CLOVE	Arremeter	Lengua
COMMON SENSE	Atacar para controlar	Íleo
COPAIBA	Mentiras	Médula Espinal
COPAIBA	No recibir lo suficiente	Estómago
CYPRESS	Irrespeto	Venas
DAVANA	Regañado	Tiroides
DI-GIZE or DI-TONE	Desilusionado	Apéndice
DILL	Indignación	Cabeza del páncreas
DORADO AZUL	Venganza	Puente de Varolio
DOUGLAS FIR o IDAHO BLUE SPRUCE	Inadecuado	GV-20
DRAGON TIME	Furioso	Corteza suprarrenal

ACEITE	EMOCIÓN	PUNTO DE ALARMA
DREAM CATCHER	Competitividad	Válvulas linfáticas
DREAM CATCHER	Manifestar	Laringe
DREAM CATCHER	Oprimido	Cuerdas tendinosas del corazón
EGYPTIAN GOLD *o* **SPIKENARD**	Poder (Figuras de autoridad)	Raíz nerviosa
EGYPTIAN GOLD *o* **SPIKENARD**	Voluntad (Mal uso de la)	Disco
ELEMI	Desorientación diabólica	Tercer Ojo
ENDOFLEX	Negación	Visión
EN-R-GEE	Aislamiento	Hongos/Ombligo
EN-R-GEE *o* **NUTMEG**	Agotamiento suprarrenal	Suprarrenal
ENVISION	Apego	Visión
ENVISION	Confinado	Intuición
ENVISION	Abrumado	Visión
EUCALYPTUS BLUE	Paralizado	Vejiga
EUCALYPTUS BLUE	Emociones reprimidas	Ojo/Cerebro occipital
EUCALYPTUS (GLOBULUS)	Esclavitud	Parótida
EUCALYPTUS (RADIATA)	Estrés (físico)	Pleura
EXODUS II	Complacencia	Magia
EXODUS II	Condenado	Plexo solar
EXODUS II	Nostalgia	Constrictor del corazón
EXCITE	Gastado	Nervio
FENNEL	Rechazo	Páncreas
FORGIVENESS	Traición	Páncreas
FORGIVENESS	Amargura	Vesícula
FORGIVENESS	Desconfiar	Útero/Próstata
FORGIVENESS	Pasado (Miedo a repetir el)	Vesícula biliar
FORGIVENESS	Revancha	Puente de Varolio
FORGIVENESS	Autonegación	C1
FORGIVENESS	Sin perdón	Presión arterial
FRANKINCENSE	Mareo (vértigo)	Oreja media
FRANKINCENSE	Inútil (Sentirse)	Encías/Dientes
FRANKINCENSE	Que te jodan	Ego
FULFILL YOUR DESTINY *o* **GENTLE BABY**	Grosero	Médula ósea
GARY'S LIGHT	Desequilibrio	Voluntad en C-5
GALBANUM *o* **GRATITUDE**	Desprecio	Válvula ileocecal
GATHERING	Mal (presentimiento)	Riñón

ACEITE	EMOCIÓN	PUNTO DE ALARMA
GATHERING	Esclavizado	Meninges
GENEYUS o BRAIN POWER	Apatía	Hipocampo
GENEYUS o BRAIN POWER	Laguna mental	Cerebro o paladar
GERANIUM	Egocéntrico	Visión
GERANIUM	Querer complacer	Constrictor del corazón
GERMAN CHAMOMILE	Separación	Alma (C2)
GERMAN CHAMOMILE	Hipersensibilidad	Suprarrenal
GINGER	Carencia	Parches de Peyer
GOLDENROD	Indefenso	Corteza suprarrenal
GRAPEFRUIT	Angustia	Corazón (Cuerdas tendinosas)
GRATITUDE	No estoy a salvo si (soy yo, estoy en mi cuerpo, expreso mi esencia, vivo en este mundo)	Ovarios/Testículos
GRATITUDE o GALBANUM	Desprecio	Válvula ileocecal
GROUNDING	Aburrimiento	Parásitos
GROUNDING	Perdido	Fuente
HARMONY	Ignorado (Ser)	Estreptococo
HARMONY	Machacado	Sangre
HARMONY	Hostilidad	Armonía
HARMONY	Castigo (Miedo a) / Autocastigarse	Trompas de Falopio/ Vesículas seminales
HARMONY	Sarcástico	Cerebro
HARMONY o CHIVALRY	Terco	Estómago
HELICHRYSUM	Muerte/Vida (Miedo a la)	Arterias
HELICHRYSUM	Verdad (Miedo a escuchar la)	Tubo de Eustaquio
HELICHRYSUM	Integridad (Falta de)	Cerebro
HELICHRYSUM	Irresponsable	Tubo de Eustaquio
HIGHER UNITY BLEND o PATCHOULI	Escapar	Corteza suprarrenal
HIGHEST POTENTIAL o PATCHOULI	Molestia	Coraje
HIGHEST POTENTIAL	División	Intestino delgado
HIGHEST POTENTIAL	Desquite	Tiroides
HIGHEST POTENTIAL o CHIVALRY	Ineficaz	Riñón
HINOKI	Incapacitado	Hueso - Centro del sacro

ACEITE	EMOCIÓN	PUNTO DE ALARMA
HONG KUAI	Perder el tiempo	Médula espinal
HOPE	Ceguera	Linfa del ojo
HOPE	Respeto (Falta de)	Percepción sensorial
HOPE	Inservible	Hipotálamo
HUMILITY	Menos que, ser	Médula
HUMILITY	No ser lo suficientemente bueno	Pericardio
HUMILITY	Cansado	Conducto pancreático
HUMILITY u OCOTEA	Insultado	Ego
HYSSOP	Emociones tragadas	Epiglotis
HYSSOP	Cargado	Médula espinal
IDAHO BALSAM FIR o IDAHO GRAND FIR o IDAHO BLUE SPRUCE	Disperso	Centro del corazón & Tercer Ojo
IDAHO BALSAM FIR o IDAHO BLUE SPRUCE	Separar	Vértice - Octavo Chakra
IDAHO BALSAM FIR o IDAHO BLUE SPRUCE o DOUGLAS FIR	Inadecuado	GV-20
IDAHO BALSAM FIR o JUVAFLEX o WINTERGREEN	Sin ayuda	Ligamento
IDAHO BLUE SPRUCE o IDAHO BALSAM FIR	Separar	Vértice - Octavo Chakra
IDAHO BLUE SPRUCE o IDAHO BALSAM FIR o DOUGLAS FIR o IDAHO GRAND FIR	Inadecuado	GV-20
IDAHO TANSY	Escepticismo	Médula ósea
IDAHO TANSY o IDAHO BLUE TANSY o BLUE TANSY	Malentendido	Cuerdas vocales
IGNITE YOUR JOURNEY	Duda	Bacterias
IMMUPOWER	Autosacrificio	Líquido cerebro espinal (GV-19)
INNER CHILD	Memoria celular (Limpiar)	ADN
INNER CHILD	Deserción	ARN
INNER CHILD	Distorsión	Inocencia
INNER CHILD	Energía Errática	Duodeno
INSPIRATION o LIVE YOUR PASSION	Fatiga	Fuerza de la vida
INSPIRATION o MOTIVATION	Paralizado	Médula

Aceites esenciales

ACEITE	EMOCIÓN	PUNTO DE ALARMA
INSPIRATION o **MAGNIFY YOUR PURPOSE**	Lento	Huesos del oído
INTO THE FUTURE	Limitado	Infección
JADE LEMON	Peleón	Pulmón
JASMINE	Usado *(Ser)*	CX @ CV-5
JASMINE	Indigno *(Sentirse)*	Puente de Varolio
JOURNEY ON	Pérdida de uno mismo	Ovarios/Testículos
JOY	Ansiedad	Capilar
JOY	Decepción	Bronquios
JOY	Dolor	Adenoidea
JOY	Incongruencia	Oreja externa
JOY	Juicio	Plexo solar
JOY	Miserable	Conducto hepático
JUNIPER	Supresión	Riñón
JUVA CLEANSE o **CELERY SEED**	Ambivalencia	Hipocampo
JUVAFLEX	Culpar	Tóxico
JUVAFLEX	No apreciado	Pulmón
JUVAFLEX o **BIRCH**	Privado	Articulaciones/Cartílago
JUVAFLEX o **BIRCH**	Sin ayuda	Ligamento
JUVAFLEX o **BIRCH**	Autoridad *(Rebelarte en contra o estar resentido con)*	Huesos
KUNZEA	Turbado	Centro del corazón
KUNZEA	Escepticismo	Médula ósea
KUNZEA	Rechazo (Rechazar la vida)	Páncreas
LAURUS NOBILIS o **WHITE ANGELICA**	Conciencia (Cambio de)	Aorta
LAURUS NOBILIS o **WHITE ANGELICA**	Incesante	Protector del corazón
LAVENDER	Abandono	Intestino delgado
LAVENDER	Criticismo	Piel
LAVENDER	Desarrollo (Miedo al)	Núcleo de Rafe
LEGACY o **MYRRH**	Dificultad	PSIS
LEGACY o **PEPPERMINT**	Rigidez	Metales pesados
LEGACY u **OREGANO**	Toxicidad *(química, electromagnética, emocional)*	Conector
LEDUM	Insatisfacción	Magia
LEDUM	Odio	Conducto hepático
LEDUM	Desagradecido	Bazo
LEMON	Celos	Linfa
LEMON	Dejado atrás	Linfa

ACEITE	EMOCIÓN	PUNTO DE ALARMA
LEMON	Privilegiado	Paratiroides
LEMON	Remordimiento	Amígdalas
LEMON	Sofocado	Pleura
LEMON	Desapego *(Miedo al)*	Médula
LEMON	Vacío *(Miedo al)*	Miedo
LEMON	Frustración	Conducto biliar
LEMON	Inestabilidad *(Miedo a una vida inestable)*	Inconsciente
LEMON	Lamentar/Remordimiento *(Autoculpabilidad)*	Amígdala
LEMON	Tristeza	Sistema Nervioso Central/Linfa
LEMON	Estancado	Senos nasales
LEMON	Sofocado	Pleura
LEMONGRASS	Resentimiento	Conducto hepático
LEMONGRASS	Deber	Tendón
LEMON MYRTLE	Procrastinación	Intestino grueso
LIGHT THE FIRE	Inútil	Hipotálamo
LIME	Menosprecio	Visión
LIME	Desmotivado	Pulmón
LIVE WITH PASSION *o* SANDALWOOD *o* ROYAL HAWAIIAN SANDALWOOD	Pavor	Arterias
LIVE WITH PASSION *o* RELIEVE IT u ORANGE	Herido	Creatividad
LIVE WITH PASSION *o* WINTER NIGHTS	Forzar	ARN
LIVE YOUR PASSION *o* GARY'S LIGHT	Traicionarse	Voluntad @ C5
LIVE YOUR PASSION *o* INSPIRATION *o* FREEDOM	Fatiga	Fuerza vital
LONGEVITY	Ahogado	Vibración
MAGNIFY YOUR PURPOSE *o* INSPIRATION	Confusión	Integración
MAGNIFY YOUR PURPOSE *o* INSPIRATION	Víctima *(Conciencia)*	Alergia
MAGNIFY YOUR PURPOSE *o* INSPIRATION	Lento	Huesos del oído
MANUKA o MYRTLE	Vida *(supresión de)*	Energía vital
MARJORAM	Desconectado	Ombligo/hongos
MARJORAM	Sospechoso	Núcleo Rafe
MARJORAM	Insatisfecho	Fontanela Posterior
MASTRANTE	Inseguro	Puente de Varolio
MELALEUCA ERICIFOLIA (ROSALINA) *o* TEA TREE	Desempoderado	C1

Aceites esenciales

ACEITE	EMOCIÓN	PUNTO DE ALARMA
MELALEUCA ERICIFOLIA (ROSALINA) o TEA TREE	Estúpido	Tálamo
MELALEUCA QUINQUENERVIA	Autodestrucción	Locus Cerúleo
MELISSA	Shock	Tercer Ojo
MELISSA o SPIKENARD	Distanciado	Corazón (cuerdas tendinosas)
MELROSE	Impaciencia	Inmune
MELROSE	Herida	Periostio
MOTIVATION o INSPIRATION	Inercia	Coraje
MOUNTAIN SAVORY	Obstinado	Hígado
MYRRH	Enfrentar el mundo *(Miedo a)*	Suprarrenal
MYRRH o LEGACY	Dificultad	PSIS
MYRTLE o MANUKA	Vida *(Supresión de)*	Energía vital
NORTHERN LIGHTS BLUE SPRUCE o NORTHERN LIGHTS BLACK SPRUCE o IDAHO BLUE SPRUCE	Ataque *(Físico)*	Filtro
NUTMEG o EN-R-GEE	Agotamiento suprarrenal	Suprarrenal
OCOTEA o HUMILITY	Insultado	Ego
ONYCHA o SANDALWOOD	Terror	Peritoneo
ONE HEART	Desolado	Corazón
ONE PURPOSE	Habla inconsciente	C1
ONE VOICE	Tímido	Cuerdas vocales
ORANGE	Ridículo	Sentimientos
OREGANO	Finalizar *(Miedo a)*	Fontanela anterior
OREGANO o LEGACY	Toxicidad	Conector
OREGANO	Vulnerable	Sistema de activación reticular
PALO SANTO	Angustia	Corazón
PALO SANTO	Descarrilado	Tercer Ojo
PALO SANTO	Incompetente	Cerebro
PALO SANTO	Limbo	Tercer Ojo
PALO SANTO	Destrucción	Garganta y constrictor del corazón
PALO SANTO	Brujería	Protector del corazón
PANAWAY	Agotamiento	Músculos
PANAWAY	Emociones *(Miedo a las)*	Fascia
PANAWAY	Dolor	Herida

ACEITE	EMOCIÓN	PUNTO DE ALARMA
PATCHOULI	Cerrarse	Integración cerebral
PATCHOULI	Escape	Corteza suprarrenal
PEACE & CALMING (II)	Adicción	Cerebro
PEACE & CALMING (II)	Discusión	Tiroides
PEACE & CALMING (II)	Víctima *(Ser una)*	Nervio
PEACE & CALMING (II)	Depresión	Depresión
PEACE & CALMING (II)	Indecisión	Bien Mayor @ C-3
PEACE & CALMING (II)	Control	Estómago
PEACE & CALMING (II)	Mal humor	Hormonas
PEACE & CALMING (II)	Asustado	Esófago
PEPPER, BLACK	Agujero negro *(Estar en un)*	Hueso temporal/Porción mastoidea
PEPPERMINT	Fracaso	Timo
PEPPERMINT	Dependencia (Miedo al)	Tálamo
PEPPERMINT	Restricción	Médula
PEPPERMINT *o* LEGACY	Rigidez	Metales pesados
PINE	No ser importante	Membranas mucosas
PINE	Degradado	Glóbulos blancos
PRESENT TIME	Nervioso	Periostio
PRESENT TIME	Ilusión	Virus
PRESENT TIME	Pérdida	ATM
PRESENT TIME	Malicia	Protector del corazón
PRESENT TIME	Reprimir o tragarse emociones	Colon sigmoide
PRESENT TIME	Cambio *(Resistencia al)*	Recto
PRESENT TIME	Dar por sentado	Encías/Dientes
PURIFICATION	Ira	Hígado
PURIFICATION	Solo	Estafilococo
PURIFICATION	Rechazo	Pulmón
PURIFICATION	Ver (Miedo a)	Ojos (Solo en manos y pies)
PURIFICATION	Pensamientos negativos o erróneos	Bacterias
PURIFICATION	Reconocimiento	Filtro
PURIFICATION	Violencia	Hígado
RAVEN	Incomodidad	Senos nasales

Aceites esenciales

ACEITE	EMOCIÓN	PUNTO DE ALARMA
RAVENSARA o RAVINTSARA	Engañado	Ojo/Cerebro occipital
RC	Agotamiento	Congestión linfática
RELEASE	Abatimiento	Pleura
RELEASE	Éxito *(Miedo al)*	Intestino grueso
RELEASE	Frenar *(el Flujo Universal)*	Tráquea
RELEASE	Identidad *(Pérdida de)*	Útero/Próstata
RELEASE	Amor *(Condicional - Agenda)*	Ojo/Cerebro
RELEASE	Rebelión	Vértice - Séptimo chacra
RELEASE	Equivocado	Bazo
RELIEVE IT	Trauma	Corazón (Cuerdas tendinosas)
ROMAN CHAMOMILE	Petrificado	Cuello uterino/Pene
ROMAN CHAMOMILE	Inoportuno	Aorta
ROSE	Desintegrado	Virus
ROSE	Intimidad *(Falta de)*	Centro del corazón
ROOTS	Indeciso	Fuente
ROSEMARY	Sabotaje *(a uno mismo o a otros)*	Locus Cerúleo
ROSEWOOD o TEA TREE	Preocupación	Presión arterial
ROSEWOOD o TEA TREE	Sorprendido	Hueso temporal/Porción mastoidea
ROYAL HAWAIIAN SANDALWOOD o SANDALWOOD	Co-dependencia	Integración
ROYAL HAWAIIAN SANDALWOOD o SANDALWOOD	Miedo	Tercer Ojo
ROYAL HAWAIIAN SANDALWOOD o SANDALWOOD o LIVE WITH PASSION	Pavor	Arterias
RUTAVALA	Asustado	Ego
RUTAVALA	Sin vida	Hara
SACRED FRANKINCENSE	Indefenso	Visión
SACRED FRANKINCENSE	No deseado	Ego
SACRED MOUNTAIN	Conciencia masiva *(Ser parte de la)*	Plexo solar / Tercer chakra
SACRED MOUNTAIN	Compromiso *(con uno mismo)*	Alma
SACRED MOUNTAIN	Escuchar *(Miedo a)*	Oído interno
SACRED MOUNTAIN	Hablar *(Miedo a)*	Garganta

ACEITE	EMOCIÓN	PUNTO DE ALARMA
SACRED MOUNTAIN	Desconocido (Miedo a lo)	Pineal
SACRED MOUNTAIN	Injusticia	Tiroides
SACRED SANDALWOOD o GALBANUM	Desprecio	Válvula ileocecal
SACRED SANDALWOOD o SANDALWOOD	Fe (Falta de)	Tercer Ojo
SAGE	Dejar ir	Vejiga
SAGE	Drama	Parótida
SANDALWOOD u ONYCHA	Terror	Peritoneo
SANDALWOOD o ROYAL HAWAIIAN SANDALWOOD	Co-Dependencia	Integración emocional
SANDALWOOD o ROYAL HAWAIIAN SANDALWOOD	Miedo	Tercer Ojo
SANDALWOOD o SACRED SANDALWOOD	Fe (Falta de)	Tercer Ojo
SANDALWOOD o ROYAL HAWAIIAN SANDALWOOD o LIVE WITH PASSION	Pavor	Arterias
SARA	Abuso	Memoria celular
SARA	Aceptación	Punto emocional
SARA	Expectativas	Vejiga / Segundo Chakra
SENSATION	Violado	Útero/Próstata
SHUTRAN o YLANG YLANG	Impotente	Útero/Próstata
SPEARMINT	Perezoso	Conducto pancreático
SPIKENARD o MELISSA	Distanciado	Corazón *(Cuerdas tendinosas)*
SPIKENARD o EGYPTIAN GOLD	Voluntad (Mal uso de la)	Disco
SPIKENARD o EGYPTIAN GOLD	Poder (Figuras de autoridad)	Raíz nerviosa
STRESS AWAY	Cruel	Hongos/Ombligo
SURRENDER	Excluido	Pulmón
SURRENDER	Paranoico	Esófago
SURRENDER	Resistencia *(Miedo al movimiento)*	Amígdala
TANSY, IDAHO o IDAHO BLUE TANSY	Malentendido	Cuerdas vocales
TARRAGON	Atormentado	Nervios
TEA TREE o MELALEUCA ERICIFOLIA (ROSALINA)	Estúpido	Tálamo

Aceites esenciales

ACEITE	EMOCIÓN	PUNTO DE ALARMA
TEA TREE o ROSEWOOD	Preocupación	Presión arterial
TEA TREE o ROSEWOOD	Sorprendido	Hueso temporal/Porción mastoidea
3 WISE MEN	Desesperación	Diafragma
3 WISE MEN	Amor *(Miedo al amor o a no ser amado)*	Riñón
3 WISE MEN	Inferioridad	Válvula ileocecal
TANSY, IDAHO	Malentendido	Cuerdas vocales
THIEVES	Diferente	Moho
THIEVES	Furtivo	Conducto biliar común
THIEVES	Incierto	Glándulas salivales
THYME	Protección *(No tener)*	Memoria celular
TRANSFORMATION	No puedo	Virus
TRANSFORMATION	Compromiso	Ego
TRANSFORMATION	Cinismo	Intestino delgado
TRANSFORMATION	Limitación	Energía vital
TRANSFORMATION	Estancamiento	Energía vital
TRANSFORMATION	Atrapado	Plexo solar
TRANSFORMATION	De qué sirve	Bazo
TRANSFORMATION	Desamor	Constrictor del corazón
TRAUMA LIFE	Pánico	Presión arterial
TRAUMA LIFE	Usado	Nervio
TSUGA	Derrotado	Sistema nervioso central/Linfa
VALERIAN	Insomne	Pineal
VALOR o VALOR II	Agresión	Corteza suprarrenal
VALOR o VALOR II	Defensivo	Estómago
VALOR o VALOR II	Conflicto *(Miedo al)*	Corteza suprarrenal
VALOR o VALOR II	Lidiar *(Inhabilidad para)*	Glóbulos blancos
VALOR o VALOR II	Perder una batalla	Cuerpo físico
VALOR o VALOR II	Perseguido	Riñón
VALOR o VALOR II	Resignación	Diafragma
VALOR o VALOR II	Débil *(Apariencia)*	Ovarios/Testículos
VALOR o VALOR II	Retraído	Pineal
VETIVER	Mente (Súper activa)	Ojo en parietal
VETIVER	Propósito *(No cumplir con)*	Pituitaria
WESTERN o CANADIAN RED CEDAR o CEDARWOOD	Incompleto	Voluntad @ C-5

ACEITE	EMOCIÓN	PUNTO DE ALARMA
WESTERN o CANADIAN RED CEDAR o CEDARWOOD	Supervivencia	Cuello uterino/Pene - Primer Chacra
WHITE ANGELICA o LAURUS NOBILIS	Cambio de conciencia	Aorta
WHITE ANGELICA	Crisis	Esófago
WHITE ANGELICA	Discordia	Paratiroides
WHITE ANGELICA	Codicia	Constrictor del corazón - Cuarto chakra
WHITE ANGELICA	Soledad	Corazón
WHITE ANGELICA	Patético	Aorta
WHITE ANGELICA o LAURUS NOBILIS	Rechazo	Pulmón
WHITE ANGELICA o LAURUS NOBILIS	Incesante	Protector del corazón
WHITE ANGELICA	Resolución	Fibras transversales
WHITE ANGELICA	Vergüenza	Hipotálamo
WHITE ANGELICA	Simpatía	Plexo solar
WHITE ANGELICA	Debilidad	Fontanela anterior, Constrictor del corazón, Nervio, Filtro
WHITE FIR o DOUGLAS FIR o IDAHO BALSAM FIR o IDAHO BLUE SPRUCE	Inadecuado	GV-20
WINGS o CASSIA	Dependiente	Voluntad @ C-5
WINTERGREEN	Sin ayuda	Ligamento
WINGS	Asco	Voluntad en C-5
WINGS o CASSIA	Dependiente	Voluntad en C-5
WINTER NIGHTS	Empuje	ADN
XIANG MAO	Egoísta	Vértice
YLANG YLANG	Agotado	Corazón (Cuerdas tendinosas)
YLANG YLANG	Posesividad	Prominencia laríngea - Quinto chakra
YLANG YLANG o SHUTRAN	Impotente	Útero/Próstata

Aceites esenciales

Referencias según el cuerpo

REFERENCIAS SEGÚN EL CUERPO
Puntos de alarma del cuerpo con sus emociones y aceites relacionados

PUNTO DE ALARMA	ACEITE	EMOCIÓN
ADENOIDES	JOY	Dolor
ADN	INNER CHILD	Memoria celular *(Limpiar)*
ALERGIA	MAGNIFY YOUR PURPOSE	Víctima *(Conciencia)*
ALMA	SACRED MOUNTAIN	Compromiso *(con uno mismo)*
ALMA (C2)	GERMAN CHAMOMILE	Separación
AMÍGDALA	LEMON	Lamentar/Remordimiento *(Autoculpabilidad)*
AMÍGDALAS	LEMON	*Remordimiento*
AMÍGDALA	SURRENDER	Resistencia *(Miedo al movimiento)*
AORTA	LAURUS NOBILIS o WHITE ANGELICA	Conciencia *(Cambio)*
AORTA	ROMAN CHAMOMILE	Inoportuno
AORTA	WHITE ANGELICA o LAURUS NOBILIS	Cambio de conciencia
AORTA	WHITE ANGELICA	Patético
APÉNDICE	DI-GIZE or DI-TONE	Desilusionado
ARMONÍA	HARMONY	Hostilidad
ARN	INNER CHILD	Deserción
ARN	LIVE WITH PASSION	Forzar
ARTERIAS	HELICHRYSUM	Muerte/Vida *(Miedo a la)*
ARTERIAS	LIVE WITH PASSION	Miedo a morir o a vivir
ARTERIAS	LIVE WITH PASSION o SANDALWOOD o ROYAL HAWAIIAN SANDALWOOD o	Pavor
ATM	PRESENT TIME	Pérdida
ARTICULACIONES/ CARTÍLAGO	JUVAFLEX o BIRCH	Privado
BACTERIAS	IGNITE YOUR JOURNEY	Duda
BACTERIA	PURIFICATION	Pensamientos negativos o erróneos
BAZO	BELIEVE	Deshonestidad
BAZO	CLARITY	Culpa
BAZO	LEDUM	Desagradecido
BAZO	RELEASE	Equivocado
BAZO	TRANSFORMATION	De qué sirve

PUNTO DE ALARMA	ACEITE	EMOCIÓN
BIEN MAYOR @ C-3	PEACE & CALMING (II)	Indecisión
BRONQUIOS	ACCEPTANCE	Dolor
BRONQUIOS	AUSTRALIAN BLUE	Disgusto
BRONQUIOS	JOY	Decepción
C1	ONE PURPOSE	Habla inconsciente
C1	TEA TREE o MELALEUCA ERICIFOLIA (ROSALINA)	Desempoderado
CABEZA DEL PÁNCREAS	CINNAMON BARK	Irritación
CABEZA DEL PÁNCREAS	DILL	Indignación
CANAL DE ENERGÍA	CISTUS (ROSE OF SHARON)	Salvador
CAPILAR	JOY	Ansiedad
CUERDAS DEL CORAZÓN	DREAM CATCHER	Oprimido
CENTRO DEL CORAZÓN	ABUNDANCE	No suficiente
CENTRO DEL CORAZÓN	KUNZEA	Turbado
CENTRO DEL CORAZÓN	ROSE	Intimidad (Falta de)
CENTRO DEL CORAZÓN & TERCER OJO	IDAHO BALSAM FIR o IDAHO BLUE SPRUCE	Disperso
CEREBRO	HARMONY	Sarcástico
CEREBRO	HELICHRYSUM	Integridad (Falta de)
CEREBRO	PALO SANTO	Incompetente
CEREBRO	PEACE & CALMING (II)	Adicción
CEREBRO O PALADAR	BRAIN POWER o GENEYUS	Laguna mental
COLON SIGMOIDE	PRESENT TIME	Reprimir o tragarse emociones
CONDUCTO BILIAR COMÚN	LEMON	Frustración
CONDUCTO BILIAR COMÚN	THIEVES	Furtivo
CONDUCTO HEPÁTICO	JOY	Miserable
CONDUCTO HEPÁTICO	LEDUM	Odio
CONDUCTO HEPÁTICO	LEMONGRASS	Resentimiento
CONDUCTO PANCREÁTICO	HUMILITY	Cansado
CONDUCTO PANCREÁTICO	SPEARMINT	Perezoso
CONECTOR	OREGANO o LEGACY	Toxicidad (química, electromagnética, emocional)
CONGESTIÓN LINFÁTICA	RC	Agotamiento
CONSTRICTOR DEL CORAZÓN	EXODUS II	Nostalgia

PUNTO DE ALARMA	ACEITE	EMOCIÓN
CONSTRICTOR DEL CORAZÓN	GERANIUM	Querer complacer
CONSTRICTOR DEL CORAZÓN	PALO SANTO	Anulación
CONSTRICTOR DEL CORAZÓN	TRANSFORMATION	Desamor
CONSTRICTOR DEL CORAZÓN	WHITE ANGELICA	Debilidad
CONSTRICTOR DEL CORAZÓN - CUARTO CHAKRA	WHITE ANGELICA	Codicia
CORAJE	HIGHEST POTENTIAL	Molestia
CORAJE	MOTIVATION	Inercia
CORAZÓN	ONE HEART	Desolado
CORAZÓN	PALO SANTO	Angustia
CORAZÓN	WHITE ANGELICA	Soledad
CORAZÓN (CUERDAS TENDINOSAS)	BUILD YOUR DREAM	Oprimido
CORAZÓN (CUERDAS TENDINOSAS)	GRAPEFRUIT	Angustia
CORAZÓN (CUERDAS TENDINOSAS)	SPIKENARD o MELISSA	Distanciado
CORAZÓN (CUERDAS TENDINOSAS)	ORANGE	Ridículo
CORAZÓN (CUERDAS TENDINOSAS)	RELIEVE IT o TRAUMA LIFE	Trauma
CORAZÓN (CUERDAS TENDINOSAS)	YLANG YLANG	Agotado
CORTEZA SUPRARRENAL	DRAGON TIME	Furioso
CORTEZA SUPRARRENAL	GOLDENROD	Indefenso
CORTEZA SUPRARRENAL	HIGHER UNITY o PATCHOULI	Escapar
CORTEZA SUPRARRENAL	VALOR o VALOR II	Agresión
CORTEZA SUPRARRENAL	VALOR o VALOR II	Conflicto (Miedo al)
CREATIVIDAD	LIVE WITH PASSION	Herido
CUELLO UTERINO/PENE	ROMAN CHAMOMILE	Petrificado
CUELLO UTERINO/PENE - PRIMER CHAKRA	CANADIAN o WESTERN RED CEDAR o CEDARWOOD	Supervivencia
CUERDAS TENDINOSAS DEL CORAZÓN	DREAM CATCHER	Oprimido
CUERDAS VOCALES	IDAHO TANSY o IDAHO BLUE TANSY	Malentendido
CUERDAS VOCALES	ONE VOICE	Tímido

Aceites esenciales

PUNTO DE ALARMA	ACEITE	EMOCIÓN
CUERPO FÍSICO	VALOR o VALOR II	Perder una batalla
CX @ CV-5	JASMINE	Usado/a (Ser)
DEPRESIÓN	PEACE & CALMING (II)	Depresión
DIAFRAGMA	3 WISE MEN	Desesperación
DIAFRAGMA	VALOR o VALOR II	Resignación
DISCO	EGYPTIAN GOLD o SPIKENARD	Voluntad (Mal uso de la)
DUODENO	INNER CHILD	Energía errática
EGO	FRANKINCENSE	Que te jodan
EGO	OCOTEA o HUMILITY	Insultado
EGO	RUTA VALA	Asustado
EGO	SACRED FRANKINCENSE	No deseado
EGO	TRANSFORMATION	Compromiso
ENCÍAS/DIENTES	FRANKINCENSE	Inútil (Sentirse)
ENCÍAS/DIENTES	PRESENT TIME	Dar por sentado
ENERGÍA VITAL	MANUKA o MYRTLE	Vida (supresión de)
ENERGÍA VITAL	TRANSFORMATION	Limitación
ENERGÍA VITAL	TRANSFORMATION	Estancamiento
EPIGLOTIS	HYSSOP	Emociones tragadas
ESÓFAGO	ABUNDANCE	Preocupación
ESÓFAGO	PEACE & CALMING (II)	Asustado
ESÓFAGO	SURRENDER	Paranoico
ESÓFAGO	WHITE ANGELICA	Crisis
ESTAFILOCOCO	PURIFICATION	Solo
ESTÓMAGO	CHIVALRY o HARMONY	Terco
ESTÓMAGO	COPAIBA	No recibir lo suficiente
ESTÓMAGO	PEACE & CALMING (II)	Control
ESTÓMAGO	VALOR o VALOR II	Defensivo
ESTREPTOCOCO	HARMONY	Ignorado (Ser)
FASCIA	PANAWAY	Emociones (Miedo a las)
FIBRAS TRANSVERSALES	WHITE ANGELICA	Resolución
FILTRO	NORTHERN LIGHTS BLUE SPRUCE o NORTHERN LIGHTS BLACK SPRUCE o IDAHO BLUE SPRUCE	Ataque (físico)
FILTRO	PURIFICATION	Reconocimiento

PUNTO DE ALARMA	ACEITE	EMOCIÓN
FILTRO	WHITE ANGELICA	Debilidad
FONTANELA ANTERIOR	OREGANO	Finalizar (Miedo a)
FONTANELA ANTERIOR	PATCHOULI	Resistencia
FONTANELA ANTERIOR	WHITE ANGELICA	Debilidad
FONTANELA POSTERIOR	MARJORAM	Insatisfecho
FUENTE	GROUNDING	Perdido
FUENTE	ROOTS	Indeciso
FUERZA DE LA VIDA	INSPIRATION o LIVE YOUR PASSION o JUNIPER	Fatiga
GARGANTA	SACRED MOUNTAIN	Hablar (Miedo a)
GARGANTA	PALO SANTO	Destrucción
GLÁNDULAS SALIVALES	THIEVES	Incierto
GLÓBULOS BLANCOS	PINE	Degradado
GLÓBULOS BLANCOS	VALOR o VALOR II	Lidiar (Inhabilidad para)
GV-20	IDAHO BLUE SPRUCE o IDAHO BALSAM FIR o DOUGLAS FIR o IDAHO GRAND FIR	Inadecuado
HARA	RUTA VALA	Sin vida
HERIDA	PANAWAY	Dolor
HÍGADO	MOUNTAIN SAVORY	Obstinado
HÍGADO	PURIFICATION	Ira
HÍGADO	PURIFICATION	Violencia
HIPOCAMPO	BRAIN POWER o GENEYUS	Apatía
HIPOCAMPO	CELERY SEED o JUVA CLEANSE	Ambivalencia
HIPOCAMPO	GENEYUS o BRAIN POWER	Apatía
HIPOCAMPO	JUVA CLEANSE o CELERY SEED	Ambivalencia
HIPOTÁLAMO	ACCEPTANCE	Avergonzado
HIPOTÁLAMO	CINNAMON BARK	Obligación
HIPOTÁLAMO	HOPE	Ineficaz
HIPOTÁLAMO	LIGHT THE FIRE	Inútil
HIPOTÁLAMO	WHITE ANGELICA	Vergüenza
HIPOTÁLAMO - SEXTO CHAKRA	CEDARWOOD	Presunción
HONGO	ACCEPTANCE	Percepción errónea
HONGOS/OMBLIGO	EN-R-GEE	Aislamiento
HONGOS/OMBLIGO	STRESS AWAY	Cruel

PUNTO DE ALARMA	ACEITE	EMOCIÓN
HONGOS/OMBLIGO	MARJORAM	Desconectado
HORMONAS	BERGAMOT	Necesidad
HORMONAS	BLUE TANSY o IDAHO TANSY	Intimidado
HORMONAS	PEACE & CALMING (II)	Mal humor
HUESO - CENTRO DEL SACRO	HINOKI	Incapacitado
HUESO TEMPORAL	AWAKEN	Sin esperanza
HUESO TEMPORAL/PORCIÓN MASTOIDEA	BLACK PEPPER	Agujero negro (Estar en un)
HUESO TEMPORAL/PORCIÓN MASTOIDEA	ROSEWOOD o TEA TREE	Sorprendido
HUESO	BIRCH o JUVAFLEX	Autoridad (Rebelarte en contra o estar resentido con)
HUESOS DEL OÍDO	INSPIRATION	Lento
ÍLEO	ACCEPTANCE	Inseguridad
ÍLEO	CARDAMOM	Autocompasión
ÍLEO	COMMON SENSE	Atacar para controlar
INCONSCIENTE	AROMA SIEZ	Inconsistencia
INCONSCIENTE	LEMON	Inestabilidad (Miedo a una vida inestable)
INFECCIÓN	INTO THE FUTURE	Limitado
INMUNE	MELROSE	Impaciencia
INOCENCIA	INNER CHILD	Distorsión
INOCENCIA	CISTUS (Rose of Sharon)	Salvador
INTEGRACIÓN	MAGNIFY YOUR PURPOSE	Confusión
INTEGRACIÓN CEREBRAL	CLARITY	Estrés (emocional)
INTEGRACIÓN CEREBRAL	PATCHOULI	Cerrarse
INTEGRACIÓN DEL ALMA	AWAKEN	Expansión
INTEGRACIÓN EMOCIONAL	SANDALWOOD o ROYAL HAWAIIAN SANDALWOOD	Co-dependencia
INTESTINO DELGADO	ACCEPTANCE	Desaprobación
INTESTINO DELGADO	CINNAMON BARK	Falso
INTESTINO DELGADO	HIGHEST POTENTIAL	División
INTESTINO DELGADO	LAVENDER	Abandono
INTESTINO DELGADO	LEMON MYRTLE	Procrastinación
INTESTINO DELGADO	RELEASE	Éxito (Miedo al)
INTESTINO DELGADO	TRANSFORMATION	Cinismo

PUNTO DE ALARMA	ACEITE	EMOCIÓN
INTESTINO GRUESO	ACCEPTANCE	Desaprobación
INTESTINO GRUESO	LEMON MYRTLE	Procastinación
INTESTINO GRUESO	RELEASE	Éxito (Miedo al)
INTUICIÓN	ENVISION	Confinado
LARINGE	DREAM CATCHER	Manifestar
LENGUA	CLOVE	Arremeter
LIGAMENTO	BIRCH o JUVAFLEX o IDAHO BALSAM FIR o WINTERGREEN	Sin ayuda
LINFA	LEMON	Celos
LINFA	LEMON	Dejado atrás
LINFA DEL OJO	HOPE	Ceguera
LIQUIDO ENCEFALORRAQUÍDEO	IMMUPOWER	Autosacrificio
LÍQUIDO ESPINAL CEREBRAL	AUSTRALIAN KURANYA	Desanimado
LOCUS CERÚLEO	ROSEMARY	Sabotaje (a uno mismo o a otros)
LOCUS CERÚLEO	MELALEUCA QUINQUENERVIA	Autodestrucción
MAGIA	LEDUM	Insatisfacción
MAGIA	EXODUS II	Complacencia
MÉDULA	HUMILITY	Menos que, ser
MÉDULA	INSPIRATION	Paralizado
MÉDULA	LEMON	Desapego (Miedo al)
MÉDULA	PEPPERMINT	Restricción
MÉDULA ESPINAL	CITRONELLA	Insípido
MÉDULA ESPINAL	COPAIBA	Mentiras
MÉDULA ESPINAL	HONG KUAI	Perder el tiempo
MÉDULA ESPINAL	LEMON	Miedo al desapego
MÉDULA ESPINAL	HYSSOP	Cargado
MÉDULA ÓSEA	FULFILL YOUR DESTINY	Grosero
MÉDULA ÓSEA	IDAHO TANSY o KUNZEA	Escepticismo
MÉDULA ÓSEA	AWAKEN	Expansión
MEMBRANAS MUCOSAS	PINE	No ser importante
MEMORIA CELULAR	ABUNDANCE	Pobre
MEMORIA CELULAR	SARA	Abuso
MEMORIA CELULAR	THYME	Protección (No tener)
MENINGES	GATHERING	Esclavizado

Aceites esenciales

PUNTO DE ALARMA	ACEITE	EMOCIÓN
METALES PESADOS	LEGACY o PEPPERMINT	Rigidez
MIEDO	LEMON	Vacío (Miedo al)
MOHO	THIEVES	Diferente
MÚSCULOS	PANAWAY	Agotamiento
NERVIO	EXCITE	Gastado
NERVIO	PEACE & CALMING (II)	Víctima (Ser una)
NERVIO	TARRAGON	Atormentado
NERVIO	TRAUMA LIFE	Life Usado
NERVIO	WHITE ANGELICA	Debilidad
NÚCLEO DE RAFE	LAVENDER	Desarrollo (Miedo al)
NÚCLEO DE RAFE	MARJORAM	Sospechoso
OÍDO INTERNO	SACRED MOUNTAIN	Escuchar (Miedo a)
OJO EN PARIETAL	VETIVER	Mente (Súper activa)
OJO EN PARIETAL	ABUNDANCE	Lucha
OJO/CEREBRO OCCIPITAL	RELEASE	Amor (Condicional - Agenda)
OJO/CEREBRO OCCIPITAL	EUCALYPTUS BLUE	Emociones reprimidas
OJO/CEREBRO OCCIPITAL	RAVENSARA o RAVINTSARA	Engañado
OJOS (SOLO EN MANOS Y PIES)	PURIFICATION	Ver (Miedo a)
OREJA EXTERNA	JOY	Incongruencia
OREJA MEDIA	FRANKINCENSE	Mareo (Vértigo)
OVARIOS/TESTÍCULOS	CARROT SEED	Emociones tragadas
OVARIOS/TESTÍCULOS	CLARITY	Represión
OVARIOS/TESTÍCULOS	GRATITUDE	No estoy a salvo si (soy yo, estoy en mi cuerpo, expreso mi esencia, vivo en este mundo)
OVARIOS/TESTÍCULOS	JOURNEY ON	Pérdida de uno mismo
OVARIOS/TESTÍCULOS	VALOR o VALOR II	Débil (Apariencia)
PALADAR	BRAIN POWER o GENEYUS	Laguna mental
PARCHES DE PEYER	GINGER	Carencia
PÁNCREAS	CITRUS FRESH	No quiero estar aquí
PÁNCREAS	KUNZEA o FENNEL	Rechazo
PÁNCREAS	FORGIVENESS	Traición
PARÁSITOS	GROUNDING	Aburrimiento
PARATIROIDES	LEMON	Privilegiado
PARATIROIDES	WHITE ANGELICA	Discordia

PUNTO DE ALARMA	ACEITE	EMOCIÓN
PARCHES DE PEYER	GINGER	Carencia
PARÓTIDA	EUCALYPTUS (GLOBULUS)	Esclavitud
PARÓTIDA	SAGE	Drama
PECHO	LEMON	Vacío (Sentimiento de)
PERCEPCIÓN SENSORIAL	HOPE	Respeto (Falta de)
PERICARDIO	HUMILITY	No ser lo suficientemente bueno
PERIOSTIO	MELROSE	Herida
PERIOSTIO	PRESENT TIME	Nervioso
PERITONEO	ONYCHA o SANDALWOOD	Terror
PIEL	LAVENDER	Criticismo
PIEL	MAGNIFY YOUR PURPOSE	Humillación
PINEAL	SACRED MOUNTAIN	Desconocido (Miedo a lo)
PINEAL	VALERIAN	Insomne
PINEAL	VALOR o VALOR II	Retraído
PITUITARIA	VETIVER	Propósito (No cumplir con)
PITUITARIA	YLANG YLANG	Sabiduría (Miedo a la)
PLEURA	EUCALYPTUS (RADIATA)	Estrés (físico)
PLEURA	LEMON	Sofocado
PLEURA	LEMON	Sofocado
PLEURA	RELEASE	Abatimiento
PLEXO SOLAR	ACCEPTANCE	No pertenecer
PLEXO SOLAR	CELEBRATION	Intimidado
PLEXO SOLAR	EXODUS II	Condenado
PLEXO SOLAR	JOY	Juicio
PLEXO SOLAR	TRANSFORMATION	Atrapado
PLEXO SOLAR	WHITE ANGELICA	Simpatía
PLEXO SOLAR / TERCER CHAKRA	SACRED MOUNTAIN	Conciencia masiva (Ser parte de)
PRESIÓN ARTERIAL	FORGIVENESS	Sin perdón
PRESIÓN ARTERIAL	ROSEWOOD o TEA TREE	Preocupación
PRESIÓN ARTERIAL	TRAUMA LIFE	Pánico
PRIMERA COSTILLA	BASIL	Manipulación
PROMINENCIA LARÍNGEA	ABUNDANCE	Escasez
PROMINENCIA LARÍNGEA - QUINTO CHAKRA	YLANG YLANG	Posesividad

PUNTO DE ALARMA	ACEITE	EMOCIÓN
PROTECTOR DEL CORAZÓN	AROMA LIFE	Soledad
PROTECTOR DEL CORAZÓN	PALO SANTO	Brujería
PROTECTOR DEL CORAZÓN	LAURUS NOBILIS o WHITE ANGELICA	Incesante
PROTECTOR DEL CORAZÓN	PRESENT TIME	Malicia
PSIS	LEGACY o MYRRH	Dificultad
PUENTE DE VAROLIO	JASMINE	Indigno (Sentirse)
PUENTE DE VAROLIO	MASTRANTE	Inseguro
PUENTE DE VAROLIO	DORADO AZUL o FORGIVENESS	Venganza
PUERTA SACRA	AWAKEN	Conexión interdimensional
PULMÓN	JADE LEMON	Peleón
PULMÓN	JUVA FLEX	No apreciado
PULMÓN	LIME	Desmotivado
PULMÓN	PURIFICATION	Rechazo
PULMÓN	SURRENDER	Excluido
PULMÓN	WHITE ANGELICA o LAURUS NOBILIS	Rechazo
PUNTO EMOCIONAL	SARA	Aceptación
RAÍZ NERVIOSA	EGYPTIAN GOLD o SPIKENARD	Poder (Figuras de autoridad)
RECTO	PRESENT TIME	Cambio (Resistencia al)
RIÑÓN	GATHERING	Mal (presentimiento)
RIÑÓN	CHIVALRY o HIGHEST POTENTIAL	Ineficaz
RIÑÓN	JUNIPER	Supresión
RIÑÓN	3 WISE MEN	Amor (Miedo al o a no ser amado)
RIÑÓN	VALOR o VALOR II	Perseguido
SANGRE	HARMONY	Machacado
SENOS NASALES	LEMON	Estancado
SENOS NASALES	RAVEN	Incomodidad
SISTEMA DE ACTIVACIÓN RETICULAR	OREGANO	Vulnerable
SISTEMA NERVIOSO CENTRAL/ LINFA	LEMON	Tristeza
SISTEMA NERVIOSO CENTRAL/ LINFA	TSUGA	Derrotado
SUPRARRENAL	NUTMEG o EN-R-GEE	Agotamiento suprarrenal
SUPRARRENAL	GERMAN CHAMOMILE	Hipersensibilidad
SUPRARRENAL	MYRRH	Enfrentar el mundo (Miedo a)

PUNTO DE ALARMA	ACEITE	EMOCIÓN
TÁLAMO	MELALEUCA ERICIFOLIA (ROSALINA) o TEA TREE	Estúpido
TÁLAMO	PEPPERMINT	Dependencia (Miedo a la)
TENDÓN	LEMONGRASS	Deber
TERCER OJO	ELEMI	Desorientación diabólica
TERCER OJO	MELISSA	Shock
TERCER OJO	PALO SANTO	Descarrilado
TERCER OJO	PALO SANTO	Limbo
TERCER OJO	SANDALWOOD o ROYAL HAWAIIAN SANDALWOOD	Miedo
TERCER OJO	SANDALWOOD o SACRED SANDALWOOD	Fe (Falta de)
TIMO	PEPPERMINT	Fracaso
TIROIDES	DAVANA	Regañado
TIROIDES	HIGHEST POTENTIAL	Desquite
TIROIDES	PEACE & CALMING	Discusión
TIROIDES	SACRED MOUNTAIN	Injusticia
TÓXICO	CLARY SAGE O CANADIAN FLEABANE	Intolerancia general
TÓXICO	JUVA FLEX	Culpa
TRÁQUEA	RELEASE	Frenar (el Flujo Universal)
TROMPAS DE FALOPIO/ VESÍCULAS SEMINALES	HARMONY	Castigo (Miedo a) / Autocastigarse
TUBO DE EUSTAQUIO	HELICHRYSUM	Verdad (Miedo a escuchar la)
TUBO DE EUSTAQUIO	HELICHRYSUM	Irresponsable
ÚTERO/PRÓSTATA	FORGIVENESS	Desconfiar
ÚTERO/PRÓSTATA	RELEASE	Identidad (Pérdida de)
ÚTERO/PRÓSTATA	SENSATION	Violado
ÚTERO/PRÓSTATA	YLANG YLANG o SHUTRAN	Impotente
VÁLVULA ILEOCECAL	GALBANUM o GRATITUDE	Desprecio
VÁLVULA ILEOCECAL	3 WISE MEN	Inferioridad
VÁLVULAS LINFÁTICAS	DREAM CATCHER	Competitividad
VEJIGA	AUSTRALIAN BLUE	Desarraigado
VEJIGA	EUCALYPTUS BLUE	Paralizado
VEJIGA	SAGE	Dejar ir
VEJIGA - SEGUNDO CHAKRA	SARA	Expectativas
VENAS	CYPRESS	Irrespeto

Aceites esenciales

PUNTO DE ALARMA	ACEITE	EMOCIÓN
VÉRTICE	XIANG MAO	Egoísta
VÉRTICE - OCTAVO CHAKRA	IDAHO BALSAM FIR o IDAHO BLUE SPRUCE	Separar
VÉRTICE - SÉPTIMO CHAKRA	RELEASE	Rebelión
VESÍCULA	FORGIVENESS	Amargura
VESÍCULA BILIAR	FORGIVENESS	Pasado (Miedo a repetir)
VIBRACIÓN	LONGEVITY	Ahogado
VIRUS	PRESENT TIME	Ilusión
VIRUS	ROSE	Desintegrado
VIRUS	TRANSFORMATION	No puedo
VISIÓN	ENDOFLEX	Negación
VISIÓN	ENVISION	Apego
VISIÓN	ENVISION	Abrumado
VISIÓN	GERANIUM	Egocéntrico
VISIÓN	LIME	Menosprecio
VISIÓN	SACRED FRANKINCENSE	Indefenso
VOLUNTAD @ C5	CASSIA o WINGS	Dependiente
VOLUNTAD @ C5	LIVE YOUR PASSION	Traicionarse
VOLUNTAD @ C5	CANADIAN o WESTERN RED CEDAR o CEDARWOOD	Incompleto
VOLUNTAD @ C-5	GARY'S LIGHT	Desequilibrio

Tablas

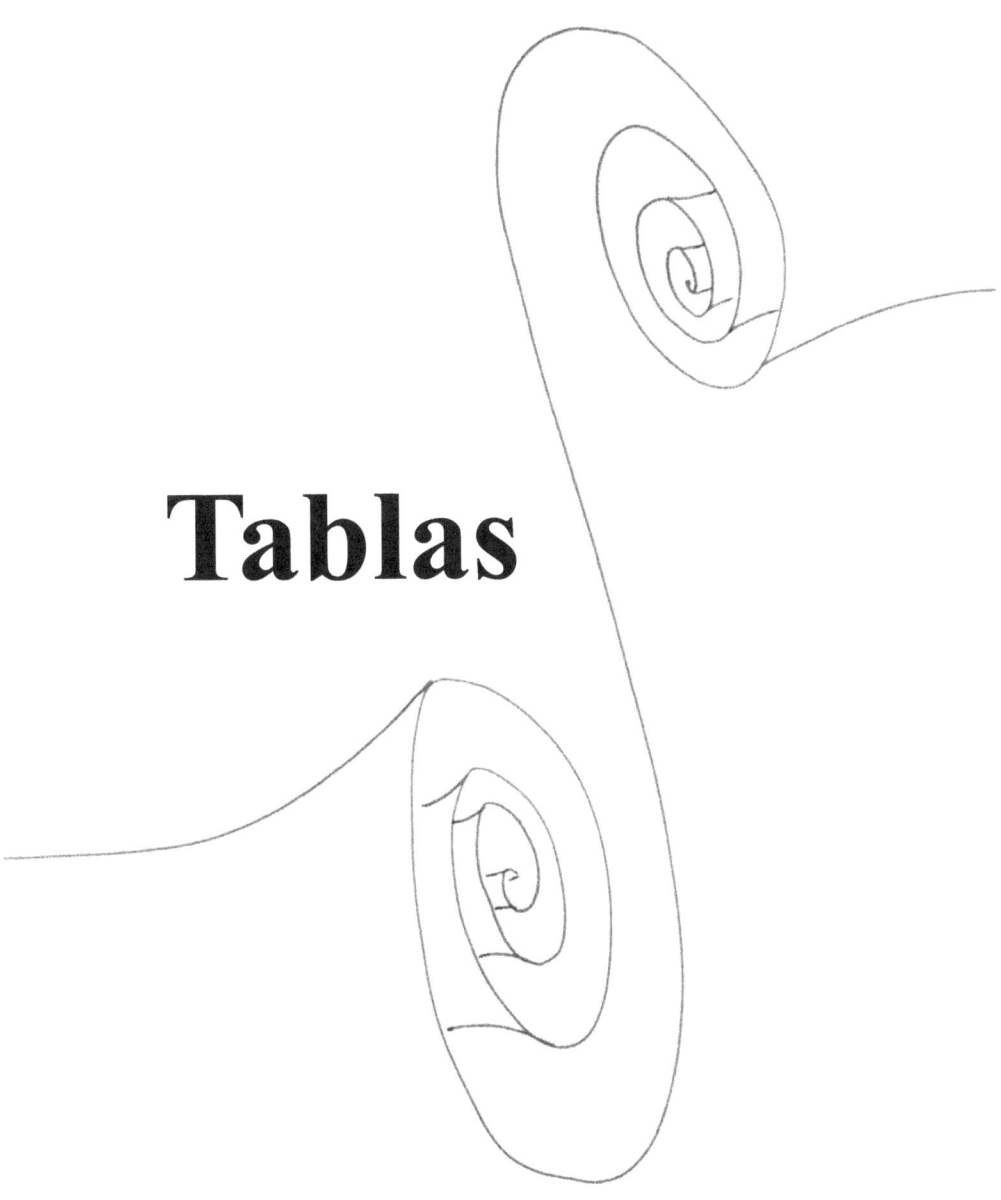

LOCALIZACIÓN DE LOS PUNTOS DE ALARMA DEL CUERPO

A no ser que se encuentren en la línea de la mitad, todos los puntos se encuentran y tratan a ambos lados del cuerpo.

PUNTO DE ALARMA	UBICACIÓN	TABLA
Adenoides	Contacto simultáneo en el hueso nasal	A, B, D
ADN	Lóbulo de la oreja	B
Alergia	Lado derecho, entre el pezón y la xifoides en el sexto o séptimo espacio intercostal.	C
Alma	En medio de C2 y C3 al lateral	B, F
Amígdala	Debajo del mentón, en el punto medio entre el centro y el ángulo de la mandíbula	B, D, H
Amígdalas	Línea capilar por encima de la mitad del ojo	A, C
Aorta	Muesca episternal, CV-22 justo por encima del esternón en la línea media	A, C
Apéndice	Lado derecho, entre la EIAS y el ombligo	D, H
Armonía	2,54 cm por encima de la espina central de la escápula	F
ARN	A 2,54 cm del lateral entre la fontanela posterior y la glándula pineal	B, F
Arterias	La mitad del esternocleidomastoideo (ECM, músculo del cuello)	B, D
Articulación temporomandibular (ATM)	Mandíbula anterior bajo el maxilar esternocleidomastoideo, a 2,54 cm del lateral y la parte inferior del pómulo sobre el maxilar	B
Articulaciones/ Cartílago	Segundo espacio intercostal junto al esternón	E
Bacteria	2,54 cm por encima del ombligo	D
Bazo	5,08 cm por encima del borde inferior al lado de las costillas	D, G, H
Bazo (accesorio)	A 2,54 cm del bazo	D
Bien mayor	Detrás del ECM o C3	B, F
Bronquios	2,54 cm por encima del pezón, lateral al esternón	C, G
C1	Lateral al atlas @ C1	B, F
Canal de energía	A 5,08 cm de la media a la EIAS	C

Aceites esenciales

PUNTO DE ALARMA	UBICACIÓN	TABLA
Capilar	Al mismo nivel de la parte inferior de las costillas, a 5,08 cm del lateral a la línea media	D
Cerebro	En la línea media de la línea capilar (GV-24)	A, B, E, G, H
Colon sigmoide	Entre la EIAS y el ombligo en el lado izquierdo	E, G
Conducto biliar común	Al lado y al mismo nivel de la vesícula y el páncreas	C, H
Conducto hepático	Costado derecho, entre la séptima y octava costilla	E
Conducto pancreático	7,62 cm por debajo y a 5,08 cm de la línea media al pezón.	E
Conector	Detrás del extremo superior del músculo esternocleidomastoideo	B
Congestión linfática	Esquina inferior lateral del pecho	C
Coraje	7,62 cm por encima y 2,54 cm hacia el lado del ombligo	E
Corazón	Mandíbula, entre el ángulo de la mandíbula y el mentón	B, G, H
Corazón (centro)	7,62 cm por encima y 2,54 cm hacia el lado del punto de alarma del estómago	E
Corazón (Constrictor)	Mitad del cuerpo del esternón	C
Corazón (Cuerdas tendinosas)	5,08 por encima del pezón	D
Corazón (protector)	5,08 cm por debajo del centro de la clavícula	D
Corteza suprarrenal	Punto medio entre las costillas y la EIAS (parte superior del hueso coxal -parte delantera del cuerpo)	D
Creatividad	A 2,54 cm del borde medial y 2,54 cm por encima de la espina de la escápula	F
Cuello uterino/Pene	2,54 cm por encima de la sínfisis del pubis	C
Cuerdas vocales	Bilateral, 2,54 cm por encima de la paratiroides, lateral a la prominencia laríngea	A, B, C
Cuerpo físico	Línea media debajo del labio inferior	A
CX @ CV-5 Circulación/Sexo	2,54 cm por encima del punto de alarma de la vejiga (CX @ CV-5)	C, E
Depresión	2,54 cm por encima de la porción mastoidea del hueso temporal	B
Diafragma	Desde el esternón, 7,62 cm a ambos lados a lo largo del cartílago costal	C, G
Disco	Inmediatamente debajo de la clavícula lateral, encima del punto de alarma del pulmón	D

PUNTO DE ALARMA	UBICACIÓN	TABLA
Duodeno	Borde inferior de la undécima costilla, a 5,08 cm lateral al pezón	E
Ego	2,64 cm por debajo de la xifoidea (parte inferior del esternón)	E
Encías/Dientes	Centro maxilar, bajo el pómulo	B, E
Energía vital	5,08 cm por debajo de la línea media del ombligo (debajo de Virus)	E
Epiglotis	A 2,64 cm a los lados y 2,64 cm por debajo de la prominencia laríngea	A, B, D
Esófago	2,64 cm por debajo del pezón, cerca del esternón	E, G
Estafilococo	Parte superior del músculo esternocleidomastoideo, 2,64 cm por debajo de la oreja, en el cuello	B
Estómago	Cerca del esternón, en la línea media hacia el pezón	C, E, G, H
Estreptococo	En el medio de la clavícula	A, C
Fascia	Trocánter mayor del fémur (parte superior de la pierna)	E, H
Fibras transversales	Parte superior del cartílago de la oreja	B, F
Filtro	2,64 cm a los lados de la Médula espinal y 2,64 cm por encima del occipucio	B, F
Fontanela anterior	Parte superior de la cabeza, en la línea media detrás del hueso frontal.	B
Fontanela posterior	Línea media detrás de la cabeza, encima del hueso occipital	B
Fuente	Entre el músculo y el hueso en el espacio del sacro, entre S1 y S2 sobre la línea media	F
Fuerza de la vida	Proceso espinoso de L3	F
Garganta	Prominencia laríngea (Nuez de Adán)	A
Glándulas salivales	Detrás de la mandíbula, en el cuello debajo de la oreja y detrás del lóbulo de la oreja	B
Glóbulos blancos	Extremo medial de la espina de la escápula	F
GV-20	Parte superior de la cabeza, en la línea media encima de la oreja.	B, F
Hara	5,08 cm por debajo de la xifoides (parte inferior del esternón)	D
Herida	El espacio justo en el medio de la unión entre la clavícula y la escápula, encima del hombro.	E, F
Hígado	Pezón	C, D, G, H

PUNTO DE ALARMA	UBICACIÓN	TABLA
Hipocampo	Muesca supraorbital (ojo medial superior)	A, C
Hipotálamo	Entre las cejas, encima de la nariz, debajo del Tercer Ojo.	A, E
Hongo	Centro del cuadrante inferior lateral del pecho (a 45° del pezón)	D
Hongo/Ombligo	Ombligo	C, D
Hongos	Centro del cuadrante medio inferior del pecho (A 2,64 cm por debajo y 2,64 cm al lado del punto de alarma del estómago)	E
Hormona	Línea media, centro de la nariz, unión del hueso nasal y el cartílago	A, E
Hueso	Centro del sacro en la línea media	F
Hueso temporal, porción mastoidea	Detrás de la mandíbula, debajo de la oreja	B
Huesos del oído	Detrás del cartílago de la oreja, al mismo nivel del canal auditivo	B
Íleo	Al lado de la décima costilla	E
Inconsciente	Templo en el esfenoides	B, D
Infección	A 1,27 cm del lateral al vértice	B, F
Inmune	A 2,64 cm del lateral de la linfa, sobre el lateral superior del pecho	C
Inocencia	Centro del ojo, entre el ojo y el hueso supraorbital	A. B
Integración @ L3	A 5,64 cm del lateral de L3	F
Integración álmica	A 2,64 cm anterior y 2,64 cm por encima del centro, sobre la oreja	B
Integración cerebral	2,64 cm por encima de la parte superior de la oreja	B, F
Integración emocional	Entre la muesca supraorbital y el tálamo	A, B, E
Intestino delgado	Punto medio entre la última costilla y la EIAS, en la cintura	E, F, G, H
Intestino grueso	2,64 cm por encima y del lateral al ombligo, en un ángulo de 45 grados	D, G, H
Intuición	5,08 cm por debajo y 5,08 cm del lateral hacia la parte media de la cabeza clavicular	E
Laringe	2,64 cm por debajo de la unión del mentón/cuello en la línea media	A, C
Lengua	Tercio superior del esternocleidomastoideo – Borde anterior	B

PUNTO DE ALARMA	UBICACIÓN	TABLA
Ligamento	Ligamento sacroilíaco en la unión superior de la cadera y el sacro	F, H
Linfa	Punto medio entre el pulmón y el hígado (pecho lateral) (pezón)	C
Linfa del ojo	Lateral e inferior a la esquina lateral del hueso que rodea el ojo	A
Líquido cerebro espinal	Cabeza, en la línea media entre el vértice y la fontanela posterior (GV-19)	B, F
Locus Cerúleo (Sistema inmunitario del cerebro)	A 1,27 cm lateral y por debajo de la protuberancia occipital	B, F
Magia	A 2,64 cm del lateral al ombligo	C
Médula	5,08 cm en el lateral de la línea media entre la glándula pineal y la médula	B, F
Médula espinal	Base del occipucio en la unión del cuello y la cabeza (GV-15)	B, F, H
Médula ósea	Unión del manubrio (7,62 cm de arriba) y el esternón	D
Membranas mucosas	Final de la nariz	A, C
Memoria celular	2,64 cm por encima de Bacteria	D, H
Meninges	Eminencia parietal, 5,08 cm por encima y 7,62 cm al lado de la fontanela posterior	B, F
Metales pesados	Espina ilíaca anterior superior	E
Músculo	Unión de L5 y S1	F
Nervio	7,62 cm por encima de la línea media de la espina de la escápula, por encima del hombro (Parte superior de los hombros entre el cuello y el hombro)	C, D, F
Núcleo de Rafe	Encima de la fontanela posterior, sobre la línea media (GV-18)	B, F
Oído (externo)	Encima del cartílago de la oreja	B
Oído (interno)	Encima del canal auditivo	B, H
Oído (medio)	Inmediatamente por encima del trago	B
Ojo	Centro del párpado; aplica el aceite solo en los puntos de los pies y las manos	G, H
Ojo en parietal	2,64 cm lateral a la fontanela anterior	B

PUNTO DE ALARMA	UBICACIÓN	TABLA
Ojo/Cerebro occipital	5,08 cm detrás del centro del oído	B, F
Oreja (huesos)	Detrás del cartílago de la oreja, al mismo nivel del canal auditivo.	B
Ovarios	A 2,64 cm de la línea media a la EIAS	C
Paladar	Coloca la punta de la lengua o el pulgar en el centro del paladar, o chúpate el dedo para armonizar el cerebro	No aparece en la tabla
Páncreas	Lado izquierdo debajo del pecho, al mismo nivel del pezón	C, G, H
Páncreas (Cabeza)	A 1,08 cm del estómago en el lateral izquierdo y a 5,08 cm por debajo	C, E
Parásitos	Centro de la ingle derecha sobre el ligamento inguinal	D
Paratiroides	2,64 cm lateral a la Nuez de Adán	A, B, D, G, H
Parches de Peyer	A 2,64 cm lateral y por encima de la válvula linfática sobre la costilla inferior	D
Parótida	Debajo del ángulo de la quijada, bajo la mandíbula	B
Pecho	Cuadrante medio superior en ángulo de 45 grados desde el pezón, encima del tejido mamario	D, E
Percepción sensorial	Esquina exterior superior encima del ojo, debajo de la ceja	A
Pericardio	2,64 cm por encima del pezón, lateral al esternón	E
Periostio	Centro del dorso de la mano	H
Peritoneo	5,08 cm por encima de la sínfisis del pubis (unión del pubis)	C
Piel	Final de la duodécima costilla	F
Pineal	Protuberancia occipital (GV-16)	B, F, H
Pituitaria	Encima de las cejas, anterior a la derecha, posterior a la izquierda	A, E, G, H
Pleura	Axila anterior bajo el músculo pectoral	C
Plexo solar	7,62 cm por encima de la xifoides o línea media	D, G
Porción mastoidea del hueso temporal	Detrás de la mandíbula, debajo de la oreja	B
Presión arterial	Centro del bíceps	E
Primera costilla	Unión del cuello y el hombro a un lado del cuerpo	C, F
Prominencia laríngea	Nuez de Adán	A, C
PSIS	Espina ilíaca superior posterior (EISP)	F

PUNTO DE ALARMA	UBICACIÓN	TABLA
Puente de Varolio	Punto medio entre la fontanela anterior y la línea del pelo sobre la línea media (GV-23)	A, B, D
Puerta sacra	Contacto doble, 2,64 cm por debajo y 2,64 cm lateral al sacro	F
Pulmón	2,64 por debajo de la clavícula lateral y 2,64 cm de medial del húmero en LU-1	C, G, H
Punto emocional	Eminencia frontal	A
Raíz nerviosa	5,08 cm por debajo y 2,64 cm al lado de la línea media de la clavícula	E
Recto	Lado izquierdo, punto medio entre la EIAS y el pubis	E, G
Riñón	2,64 cm por encima y lateral al ombligo en un ángulo de 45 grados	D, G, H
Sangre	Lateral al pecho en la línea de los pezones	C
Senos nasales	Línea media en el centro de la frente, 2,64 cm por encima del Tercer Ojo	A, E, G, H
Sistema de Activación Reticular	2,64 cm al lado y 2,64 cm por encima de la fontanela posterior	B, F
SNC (Sistema Nervioso Central) /Linfa	Unión del mentón y el cuello sobre la línea media	A, B, C
Suprarrenal	5,08 por encima y lateral del ombligo a 45 grados	D, G, H
Tálamo	Hueso lagrimal a los lados del hueso nasal	A, B, E
Tendón	Lateral a la médula espinal, en la base del occipucio	B, F
Tercer Ojo	Línea media justo encima de las cejas, entre el hipotálamo y los senos nasales	A, E
Testículos	Muslo interior superior	C
Timo	Debajo de la clavícula, lateral al manubrio @ K-27	A, C
Tiroides	Justo encima de la línea media de la cabeza de la clavícula	A, C, G, H
Tóxico	5,08 cm por debajo del pezón, cerca del esternón	E
Tráquea	Línea media debajo del inferior de la laringe, 2,64 cm por debajo de la prominencia laríngea (Nuez de Adán)	A, B, C
Trompas de Eustaquio	Trompa delante de la oreja, inmediatamente debajo del trago.	B, G
Trompas de Falopio / Vesícula seminal	2,64 cm lateral por encima del borde lateral del pubis	C

Aceites esenciales

PUNTO DE ALARMA	UBICACIÓN	TABLA
Útero/Próstata	Línea media en la sínfisis del pubis (hueso púbico)	C
Válvula ileocecal	Filo sobre la línea media entre la nariz y el labio superior	A, E, G
Válvulas linfáticas	Ángulo de las costillas inferiores en el borde inferior, a 2,64 cm del centro de la línea del pezón	C
Vejiga	Línea media, 7,62 cm por encima de la sínfisis del pubis (unión del pubis)	C, E, G, H
Vejiga	Debajo del pezón y del pecho, en el lado derecho.	C, G, H
Venas	2,64 cm por encima de la xifoidea en la línea media del esternón	D
Vértice	Línea media encima de la parte superior del cráneo, entre las fontanelas (GV-21)	B, C, F
Vibración	Final de la xifoides	D
Virus	2,64 cm por debajo del ombligo	D, E, H
Visión	Centro del templo, 2,64 cm por encima del arco cigomático	B
Voluntad @ C5	Lateral a C-5	B, F

NOTA: Muchos puntos tienen el tamaño de una moneda de cuarto de dólar aproximadamente. Aunque se recomienda la máxima precisión posible, dispones de un margen de diferencia.

TABLA A
CARA - Frente

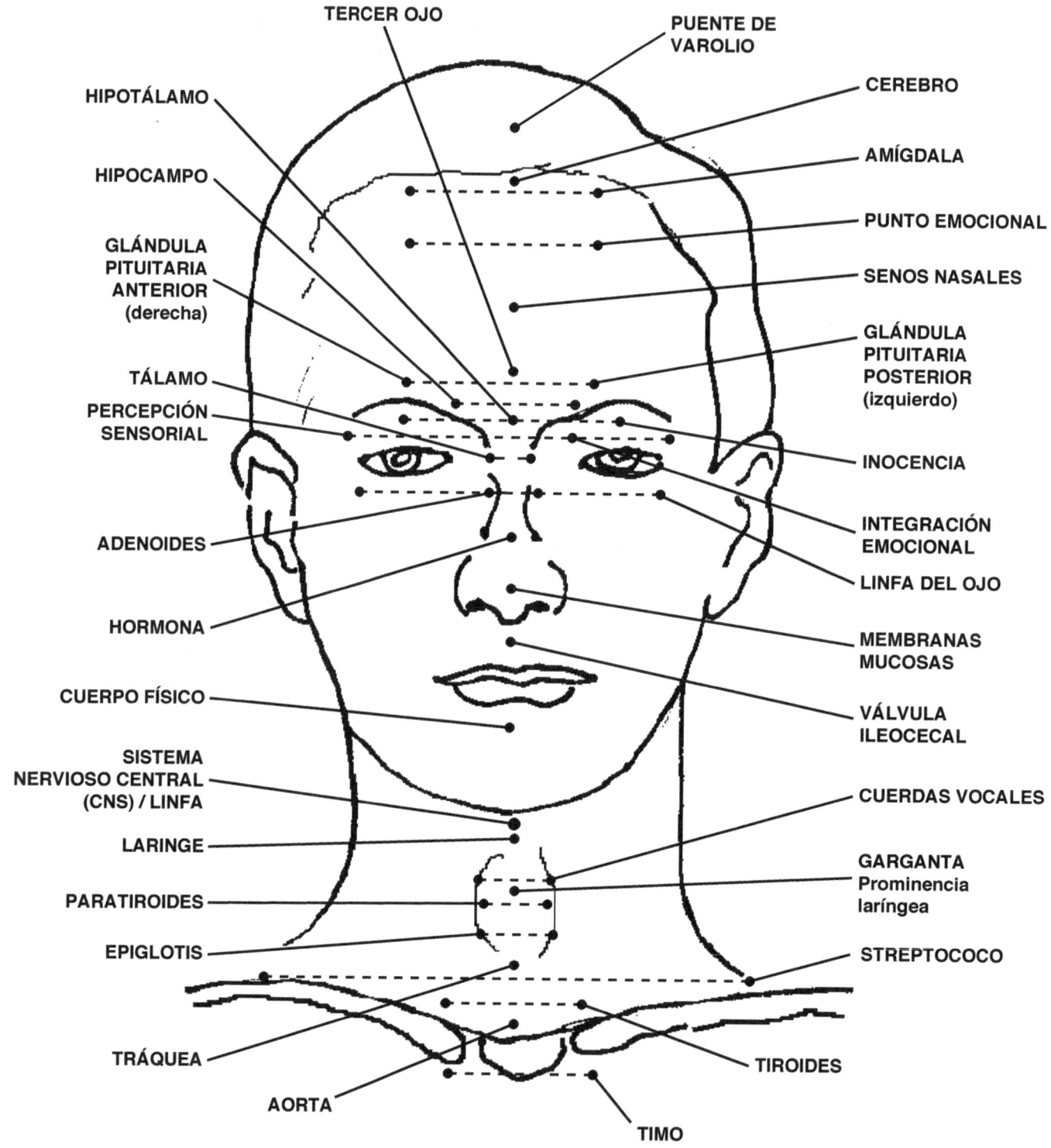

TABLA B
CARA - Lateral

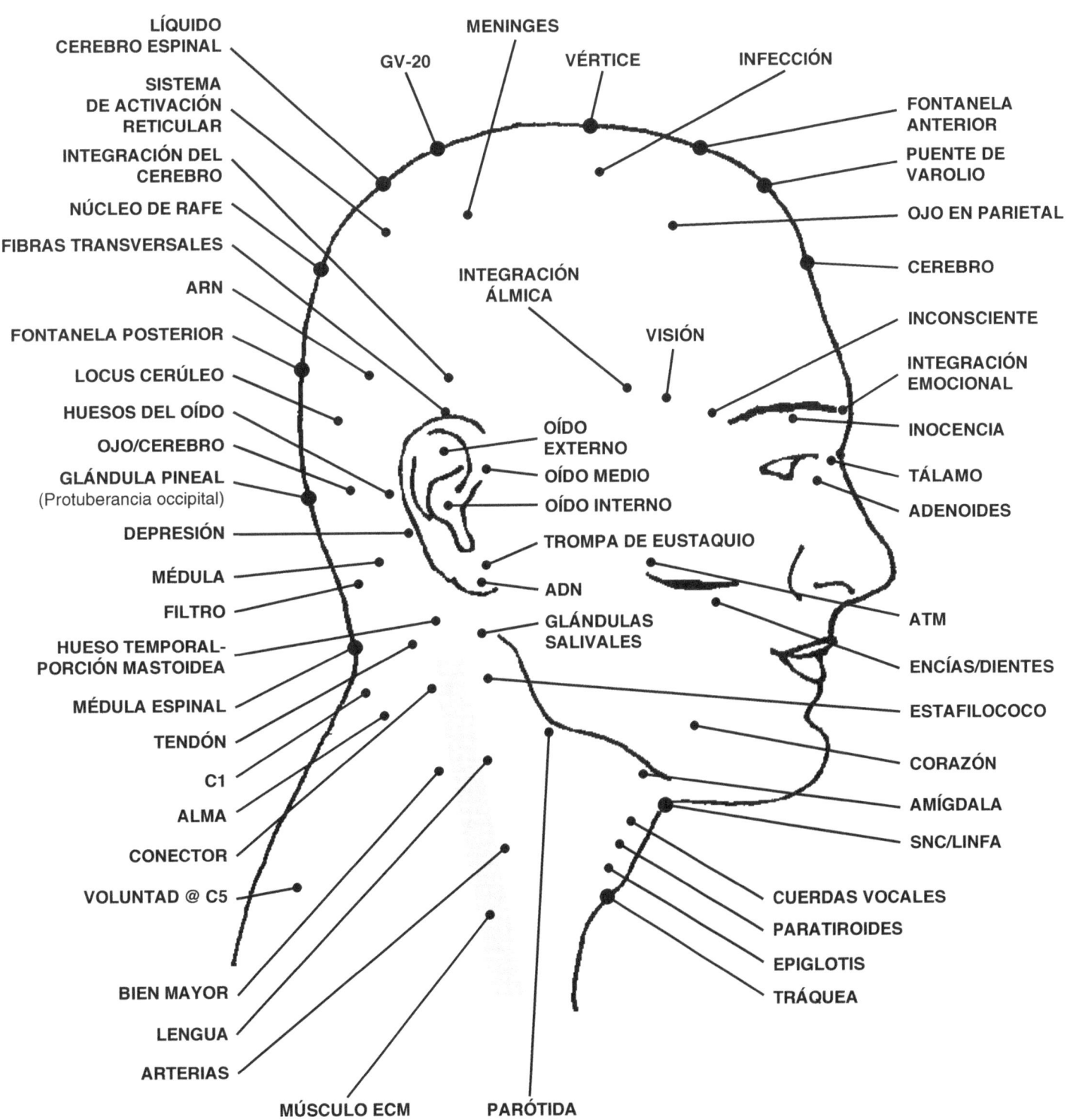

107

TABLA C

Torso (frente) 1

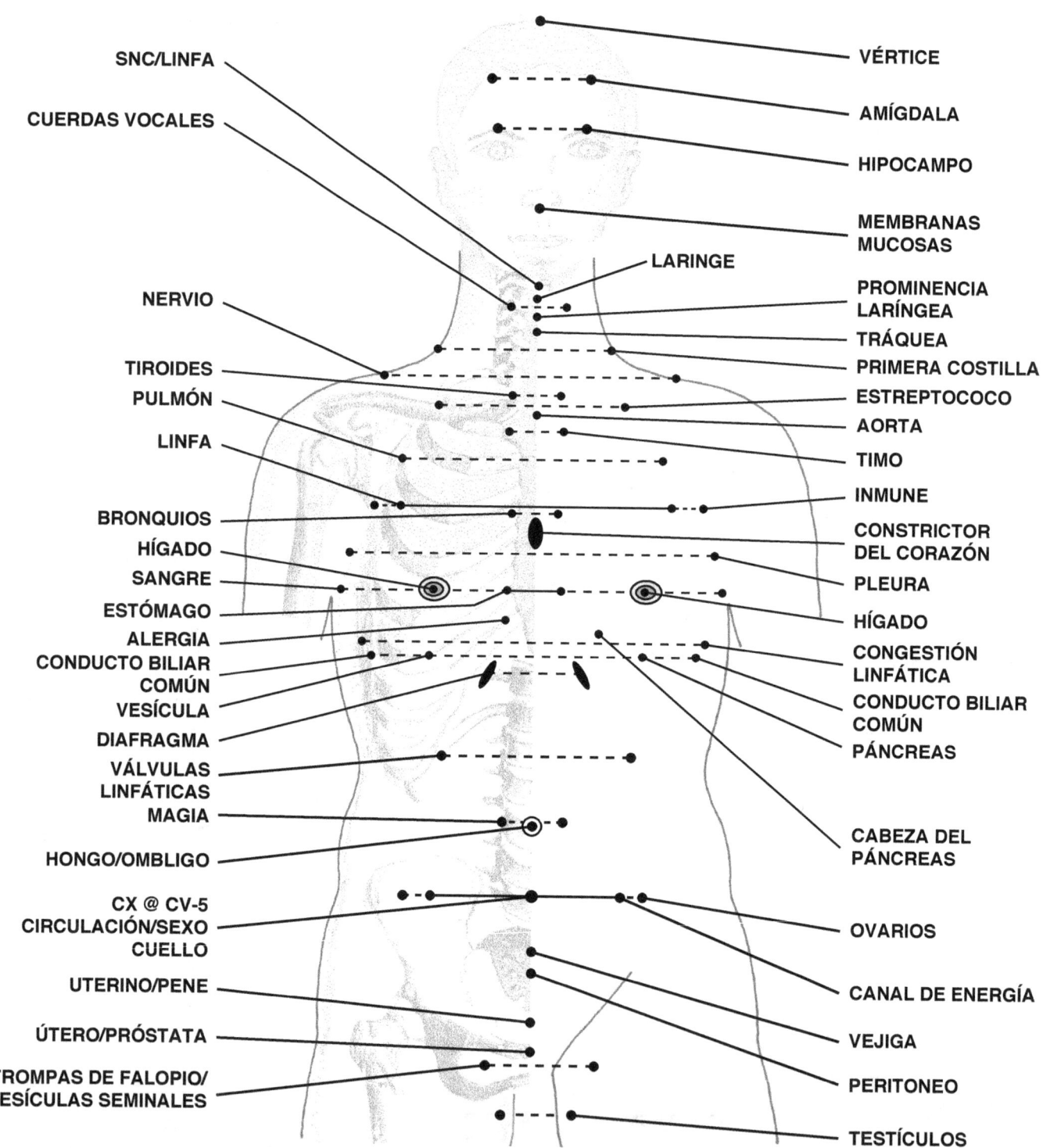

Aceites esenciales

TABLA D

Torso (frente) 2

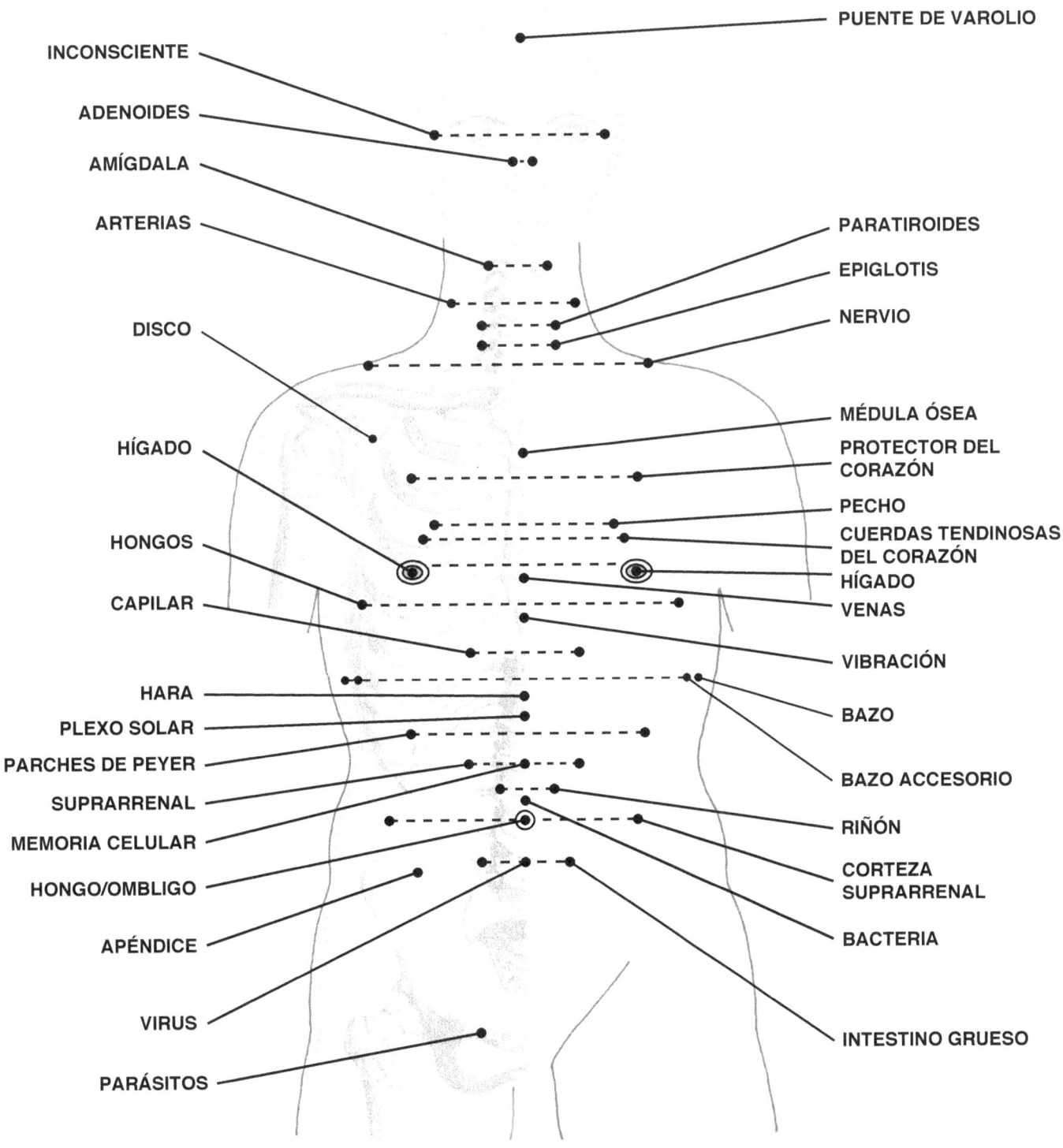

TABLA E

Torso (frente) 3

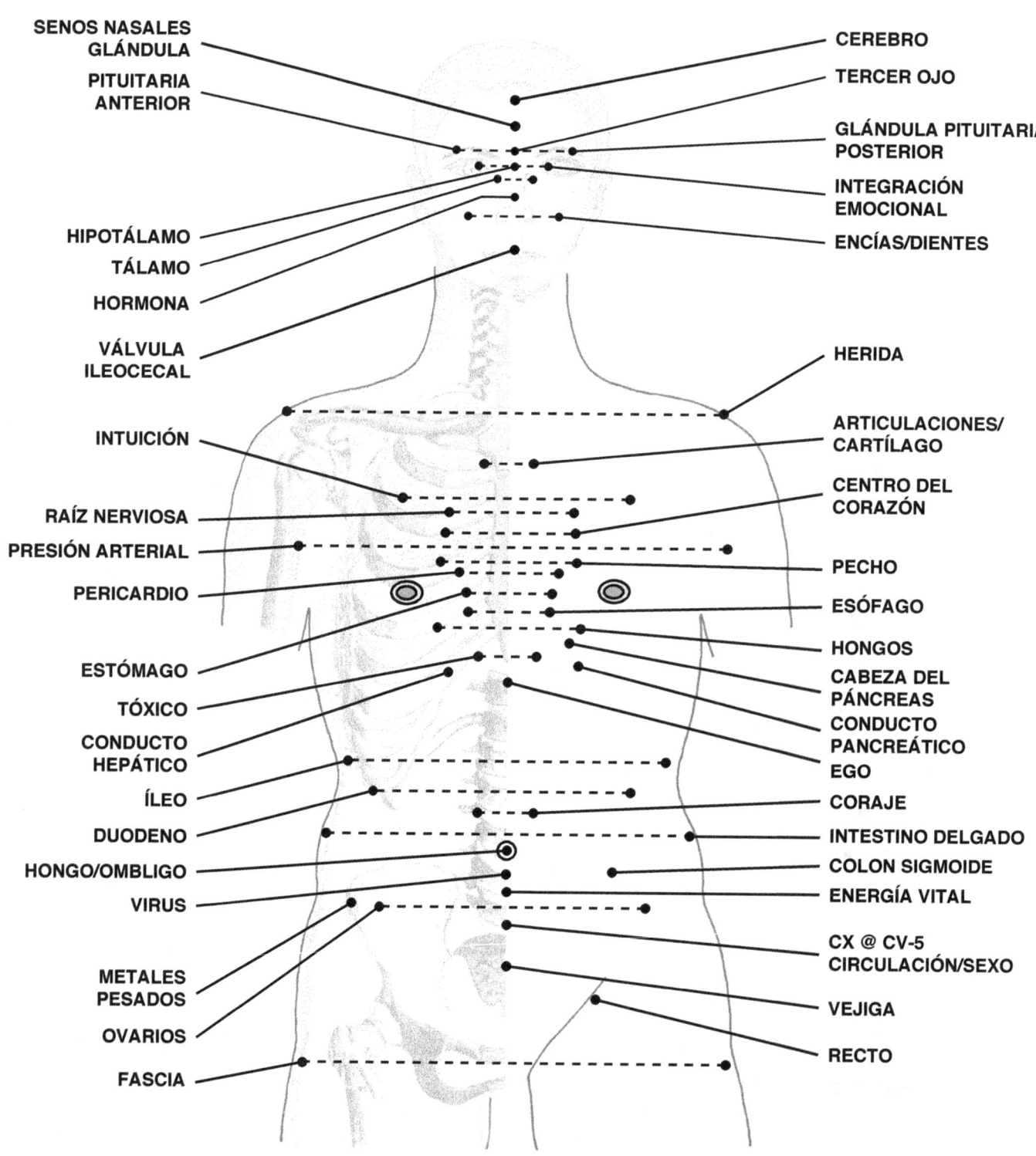

Aceites esenciales

TABLA F

Torso (reverso)

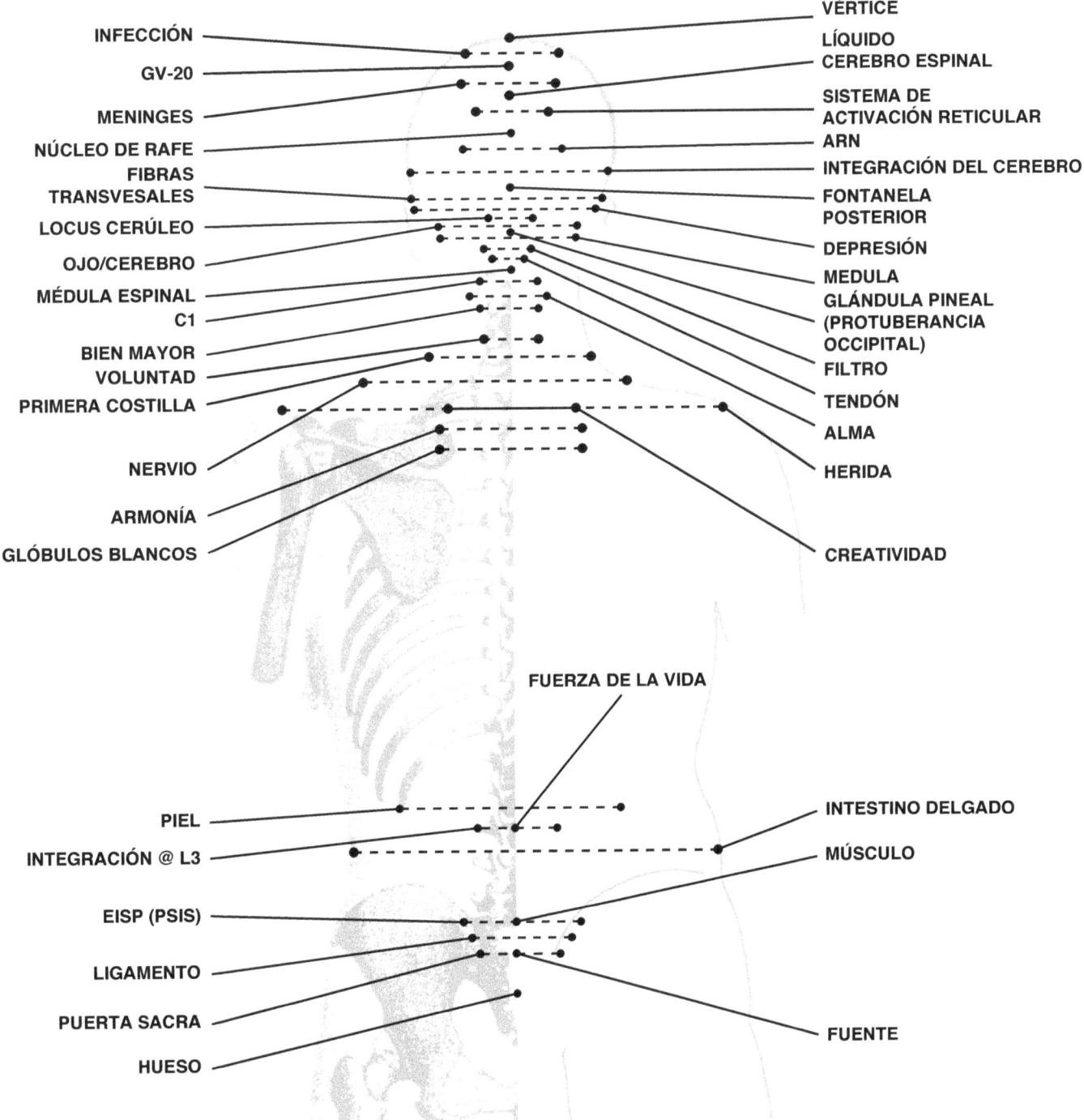

TABLA G

Puntos reflejos del pie

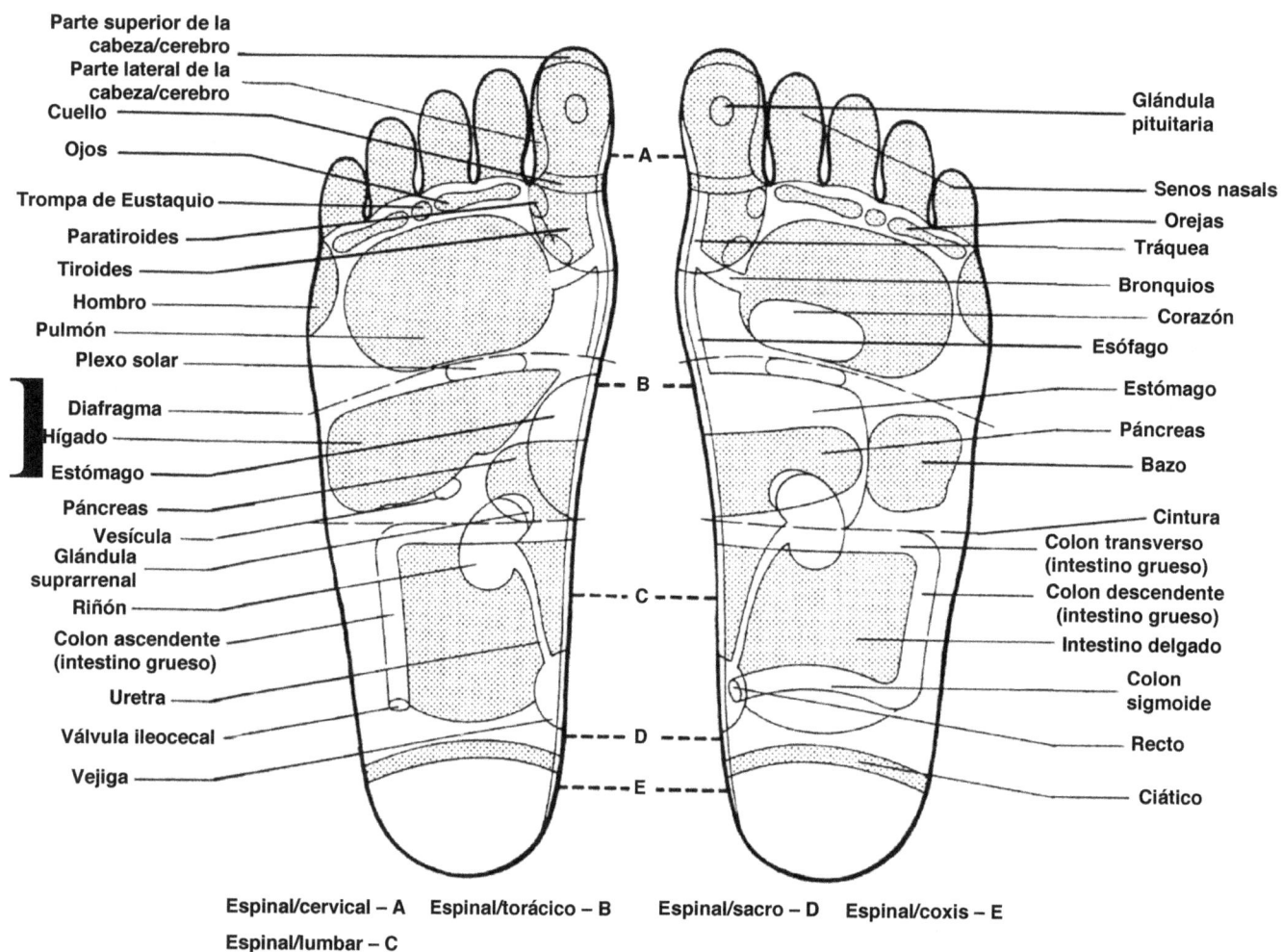

Espinal/cervical – A   Espinal/torácico – B   Espinal/sacro – D   Espinal/coxis – E
Espinal/lumbar – C

Los aceites esenciales pueden aplicarse en los pies, en los puntos de alarma corporales, o en ambas áreas para tratar un órgano o área en particular.

TABLA H

Manos

ALTERNATIVAS PARA LOS PUNTOS DIFÍCILES DE ACCEDER

Ya que algunos de los puntos de alarma de nuestro cuerpo son difíciles de acceder en público, como por ejemplo el hígado, tal vez quieras usar los puntos de las manos cuando trabajes en la liberación de patrones profundos que quieras tratar con frecuencia. Ocasionalmente si sientes que algún punto del cuerpo o del pie es extremadamente sensibles, puedes tratarlo en las manos con la misma efectividad. Los puntos reflejos en las manos y los pies pueden ser usados de manera complementaria o para reemplazar los puntos del cuerpo. Trata los puntos en ambas manos, aunque en la tabla solo se muestra en una mano.

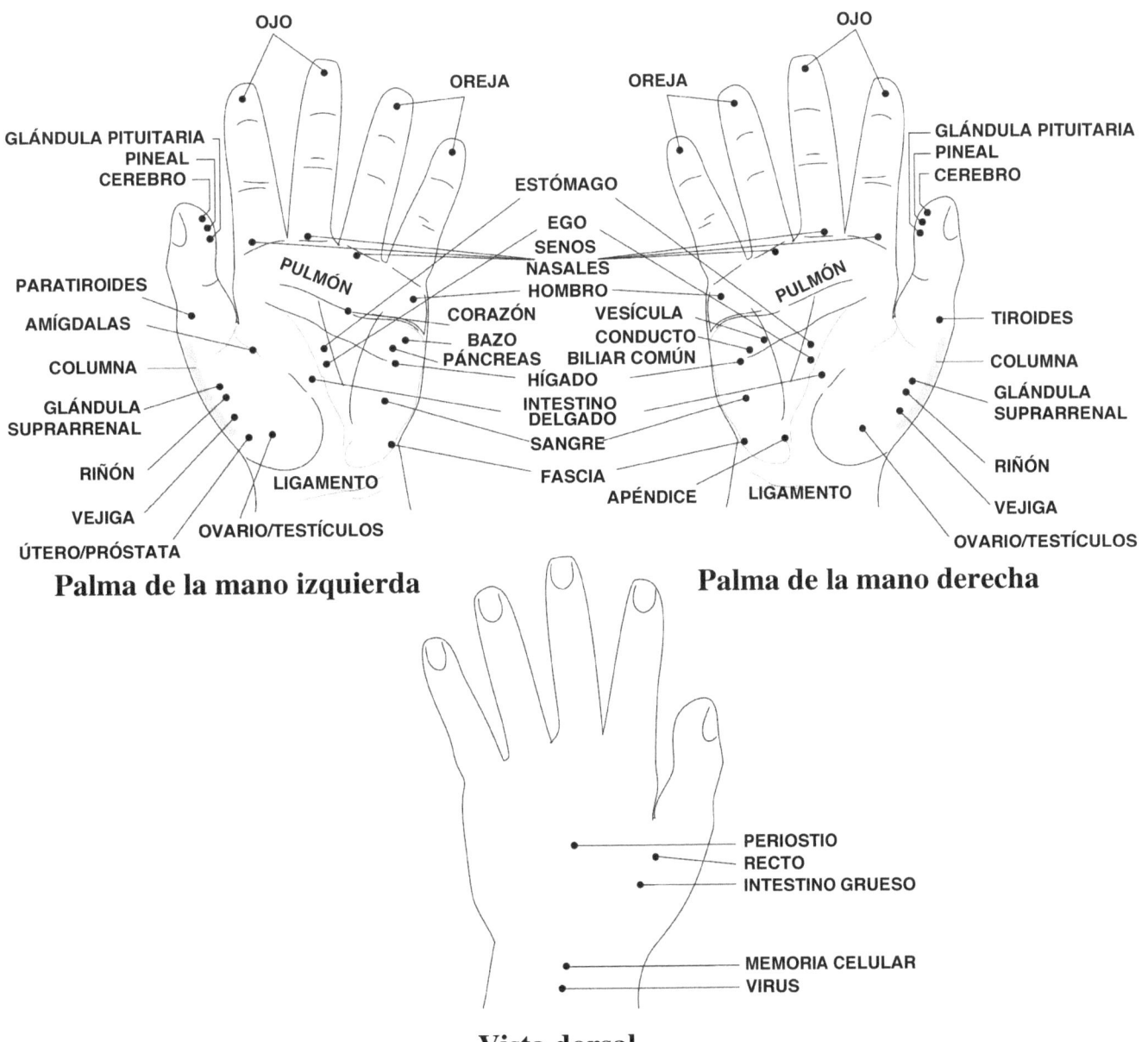

Mejoras en la limpieza emocional

DESCUBRIMIENTO DE PATRONES EMOCIONALES ADICIONALES

Ahora que sabes cómo liberar emociones obvias que afloran, puedes empezar a observar algunas emociones que rodean un problema central o mayor. Los problemas centrales son aquellos que cargan una gran energía disruptiva han estado presentes desde hace tiempo y son fáciles de reconocer, tales como el rechazo, el abandono, la ira y el control.

Trabajar con los problemas centrales y sus tentáculos

La manera más fácil de encontrar y distinguir problemas centrales y sus tentáculos relacionados es observar tu patrón de reacción. Cuando estás molesto con alguien o con alguna situación, seguramente estás reaccionando ante esa persona o situación con una respuesta condicionada. Una respuesta condicionada podría ser gritar, salir furioso de la habitación, dar por terminada la relación o escapar de esa situación.

La mejor manera de identificar tus emociones y problemas es observar tus respuestas condicionadas. Cada vez que reacciones, concéntrate en lo que estás sintiendo.

Seguro que te has dado cuenta de que, cuando algunas situaciones aparecen, como por ejemplo cuando alguien opina diferente a ti, te sientes mal. Si eres capaz de mirar en tu interior y ser consciente de la parte de tu cuerpo donde se encuentra ese sentimiento o qué pensamientos aparecen cuando te preguntas qué está pasando, el rechazo se hace evidente. Acabas de identificar tu problema emocional central.

Digamos que has estado trabajando el rechazo durante algunos días y te encuentras en una situación similar con una persona que tiene una opinión diferente a la tuya. Quizás esta vez hubo una energía más fuerte y subconscientemente te sientes amenazado. Tu respuesta inmediata podría ser reaccionar, lo que se relaciona con la emoción del conflicto. Con el conflicto viene la necesidad de controlar para protegerte y sentirte bien. Una vez que sales del peligro inmediato que has percibido, aparece el sentimiento de traición y luego irrespeto o culpa. Cuando el dolor desaparece, llega el rechazo otra vez y luego el sentimiento de víctima. Al saber que no puedes funcionar en este mundo en este estado debilitado y vulnerable, viene el "que te jodan". Cuando parece que nada funciona, te quedas con la sensación de fracaso.

Rechazo

(problema central/emoción)

Amenazado   Conflicto   Control

Traición

Irrespeto/Culpa

Dolor — Rechazo

Víctima

Que te jodan

Fracaso

Estas son algunas de las emociones relacionadas más comunes. Revisa cuál o cuáles están presentes. Trabajar en diferentes emociones simultáneamente reduce la carga emocional mucho más rápido que trabajar solo con el problema central.

Los tentáculos del control

El propósito del ego es mantenernos a salvo, y una de sus grandes defensas es el control. Todo control se basa en el miedo. De esta manera, todos tenemos problemas de control en cierta medida. Los controlamos al controlarnos a nosotros mismos, a otros o a nuestro entorno. Para determinar si el control es una emoción que necesitas abordar en este momento, pregúntate: "¿Tienes miedo a ser controlado tienes la necesidad de estar en control, o ambas? La mayoría de la gente experimenta ambas sensaciones: la necesidad de controlar y el miedo a ser controlado. Sin embargo, una suele ser más dominante que la otra.

Miedo a ser controlado

El miedo a ser controlado puede aparecer como una necesidad de trabajar solo, ser tu propio jefe o tener dificultad para jugar en un equipo. Hasta seguir un horario, especialmente el de otra persona, puede hacer surgir el miedo a ser controlado.

Todas las personas que resultaron heridas en un ambiente controlador, tanto en la niñez como en la adultez, pueden desarrollar "el miedo a ser controladas" como problema principal.

Las emociones que están relacionadas con el miedo a ser controlado son el miedo a la autoridad, al confinamiento, la dependencia, el irrespeto, la dominación, la restricción y la supresión.

Si tu problema básico es el "miedo a ser controlado", podría desencadenarse por cualquier situación remotamente similar a cuando te sentiste herido. Tu "reacción" a la autoridad puede estar desproporcionada a la realidad actual y puede que veas a una persona como dominante cuando simplemente tienen una personalidad fuerte. Esta respuesta "desencadenada" aplica a todas las emociones relacionadas con el control.

Evitar tener una estructura en casa o en el trabajo puede ser indicativo del "miedo a sentirse controlado". ¿Consideras que la estructura es una herramienta de soporte que te ayuda a conseguir el equilibrio en tu vida? Si tienes poca estructura en tu vida, quizás quieras revisar si "el miedo al control" está presente.

Hasta el hecho de crear tu propia estructura puede desencadenar "el miedo a ser controlado". Cualquier estructura, hasta la tuya propia, puede generar ese sentimiento de sentirte confinado, dominado, restringido o suprimido.

La necesidad de tener el control

La necesidad de tener el control puede originarse en "el miedo a ser controlado". Una manera de evitar ser controlado es tener siempre el control. Si te sientes identificado, busca el "miedo a ser controlado" en la referencia en la tabla anterior.

La "necesidad de tener el control" generalmente aparece como la necesidad de que las cosas se hagan de cierta manera: a tu manera. Tiene que ver con controlar el resultado, hacer las cosas bien, a tiempo y con éxito.

Los niños cuyas necesidades no fueron atendidas debido a la incompetencia de los adultos pueden desarrollar esa "necesidad de tener el control" como un problema de base. Puede que haya una creencia subyacente de que "la única manera de tener resueltas mis necesidades es hacerlo yo mismo".

Las emociones que se conectan con "la necesidad de estar en control" son desconfianza a la autoridad, dependencia, sentirse ignorado o sin respaldo.

Si tienes el problema de base "necesidad de tener el control", probablemente te hayas vuelto experto en hacer todo lo que percibes que necesitas para sobrevivir. Seguramente ves a otras personas, en general, como incompetentes. Al liberar el patrón "necesidad de tener el control" serás capaz de relacionarte con las personas en función de quienes son en su totalidad, en vez de si son o no competentes en un área en particular.

Los problemas de control, tanto la necesidad de estar en control como el miedo a ser controlado, pueden dificultar o destruir matrimonios, amistades, negocios o relaciones de cualquier naturaleza. Imagina tratar de vivir o trabajar con alguien que "tiene miedo a ser controlado", mientras la otra persona tiene la "necesidad de control". Todo lo que esas personas hagan o digan va a ser un "detonador". Ahora imagina que ambas personas liberan sus patrones. El amor y/o respeto que tienen la una por la otra podrá expresarse libremente, y la relación podrá desarrollarse con una dinámica que hubiera sido imposible si esas personas hubieran seguido trabajando con sus problemas de "control".

Problemas de supervivencia
Los problemas básicos de supervivencia incluyen el "miedo a perder", lo cual desencadena recuerdos almacenados en la memoria celular que tienen que ver con el miedo a perder la vida cada vez que se pierde una batalla. El miedo a perder se despierta cada vez que te encuentras en un conflicto o desacuerdo con alguien más. Las experiencias pasadas generalmente se relacionan con perder algo, como un negocio o una relación, donde quiera que esté el conflicto. La solución pasa por cambiar las reglas del juego de "ganar/perder" al crecimiento común. Esto significa que ambas partes pueden ganar.

El miedo a equivocarse se relaciona con perder prestigio, no ser lo suficientemente bueno, perder o fracasar. Todas estas son oportunidades de crecimiento y vienen de tu conocimiento. Nuestros retos nos muestran las áreas más débiles y nos indican en qué dirección debemos ir.

Algunas emociones, como la traición, traen a la conciencia pensamientos y sentimientos rechazados. El otro lado de la traición es la fidelidad, lo que significa ser fieles a nosotros mismos. Como nuestro mundo exterior refleja lo que está sucediendo en nuestro mundo interior, solo sentimos que nos traicionaron después de que hemos traicionado una parte de nosotros mismos. "Tengo el coraje de aceptar la verdad" ordena a la verdad a que se revele por sí misma. Esto permite que los miedos subyacentes, como el miedo a fracasar o al conflicto, salgan a la superficie. Tan pronto como estas emociones sean reconocidas, pueden limpiarse. Como resultado, puedes añadir más aceites, lo que significa que vas a trabajar con diferentes patrones emocionales simultáneamente.

Cuando te enfrentas a problemas fuertes como la traición, tu vida puede cambiar porque las partes que has estado negando saldrán a la superficie. Estas son las partes que ya no puedes ignorar. Sé consciente de que no van aparecer hasta que tengas las herramientas para manejarlas. Aunque el proceso de liberación puede ser difícil, el resultado o recompensa será positivo, a menudo más de lo que te puedas imaginar.

Limpieza general
Vivimos en un ambiente tóxico. El aire y el agua están contaminados. Las computadoras y los teléfonos móviles nos bombardean constantemente con estrés electromagnético. Nuestra comida está llena de conservantes y químicos a los cuales nos exponemos diariamente. Como vivimos en un mundo de dualidad, me di cuenta de que tenía que existir el lado positivo de la toxicidad. ¿Por qué otra razón estaría en aumento? Además de las toxinas en el ambiente, creamos nuestro propio estrés cada vez que nos permitimos entrar en un estado emocional negativo. Cuando experimentamos emociones negativas, reforzamos o creamos patrones emocionales. Sentimos la energía primero en el centro del cuerpo, en el abdomen o en el pecho. Luego, el sentimiento se traslada a la cabeza y afecta el sistema hormonal.

Seguidamente, el Sistema digestivo se cierra, y así toda la comida en los intestinos se pudre, lo que resulta en un intestino tóxico. El aceite *Legacy* trabaja en la parte baja del cuerpo, incluyendo el sistema excretorio. También podemos usar *Oregano*.

El otro lado de la toxicidad es la transformación, que se relaciona con moverse hacia un nivel de conciencia más elevado. La salida consiste en entrar "al vacío" lo que significa entrar en el ojo del huracán o pasar por el ojo de la aguja. Se trata de entrar en el pequeño espacio interior de quietud, deslizándose por las grietas, el punto donde se cruza el símbolo del infinito. El aceite es *Legacy* y el punto de alarma es el Conector, ubicado en la parte trasera de la tercera parte superior del músculo esternocleidomastoideo, entre la oreja y la médula, en la base del cráneo.

Como en todas las limpiezas, quizás quieras incluir el punto *Release* en la parte superior de la médula, y el punto Filtro detrás de la cabeza.

El efecto purificador es impresionante. Normalmente hay una liberación de la energía bloqueada, y la claridad se refleja en los ojos. Los ojos son increíbles, brillan y vuelven a la vida. La confusión mental se disipa, la energía vital se derrama sobre el cuerpo y puedes experimentar la sensación de tener energía. Limpiar la toxicidad a menudo brinda la sensación de enraizamiento o de conexión profunda con la tierra. Una emoción relacionada es "dificultad", que relaciona los retos de la vida con "el otro lado", desde un lugar de sabiduría.

Recapitulación del aceite Legacy:
Sensación: Toxicidad— Ambiental, causada por la comida, el aire y el agua, electromagnética, química y emocional.
La otra cara: Transformación
Punto de alarma: Conector
Salida: "Al vacío."

Emoción: Dificultad
La otra cara: Sabiduría
Punto de alarma: PSIS
Salida: "Me muevo con la vida"

El siguiente aceite es *Release*, que afecta el centro del cuerpo. Dos de las emociones negativas más comunes son el miedo a equivocarse y el miedo al éxito. El miedo a equivocarse se localiza en el bazo accesorio, ubicado delante del bazo. El bazo es el órgano más grande asociado con el sistema inmune. Las emociones negativas crónicas paralizan la función inmune, y la emoción que se almacena en el bazo es la culpa. Nos sentimos culpables porque pensamos que hemos hecho algo mal.

Otra emoción común que tal vez quieras incluir es el miedo al éxito. La otra cara es el rechazo. Si tienes miedo al éxito, ¿qué vas a conseguir? Rechazo. Te sientes más cómodo con el rechazo ya que es lo que conoces y te parece mejor que el éxito desconocido. Esto lleva al sabotaje como una forma de protección. Si te niegas a aceptar el éxito porque piensas que no lo mereces o no lo puedes sostener, entonces estás rechazando el éxito. La salida es "Acepto la conciencia".

Recapitulación del aceite Release

Emoción: Equivocado (miedo a estar)

La otra cara: Conocimiento

Punto de Alarma: Bazo

Salida: "Soy fiel a mi fuente"

Emoción: Éxito (miedo al)

La otra cara: Rechazo

Punto de Alarma: Intestino delgado

Salida: "Acepto la conciencia"

El aceite de *Peppermint* afecta la cabeza y la garganta. Es antibacteriano, antifúngico y antiviral, además de ayuda a tener una buena función digestiva. Las emociones asociadas son restricción y fracaso. La restricción se almacena en la médula, que es el área del cerebro que controla los músculos voluntarios e involuntarios. Los músculos involuntarios controlan los latidos de nuestro corazón, la respiración y la digestión. La emoción relacionada es el miedo al fracaso. El fracaso se almacena en el timo, que es una parte del sistema inmune. Añadir *Peppermint* al agua que bebes relaja las gargantas irritadas. También mejorará la calidad de tu agua. Cuando apliques *Peppermint* en tu agua, empieza con una gota y añade más según tu gusto. En un vaso grande, llena la mitad con agua, añade una gota de *Peppermint*, llena el vaso con agua, y bébelo durante el día. Cuando se acabe el agua, sirve más. Parte del aceite de *Peppermint* todavía quedará en el vaso, por lo que añadir más aceite es opcional.

Recapitulación del aceite Peppermint

Emoción: Restricción

La otra cara: Movilidad

Punto de alarma: Médula

Salida: "Estoy abierto a nuevas experiencias"

Emoción: Fracaso

La otra cara: Desplegar

Punto de alarma: Timo

Salida: "Acepto el crecimiento."

GUERRERO PACÍFICO

Nos han dicho que todas las personas están conectadas, que todas las personas somos una. ¿Si todo esto es verdad, por qué existe tanta desarmonía e incomprensión? ¿No sería la vida mucho más simple si todo el mundo pensara como nosotros? Prácticamente hablando, ni siquiera las familias, las parejas o seres queridos viven en perfecta armonía. Si no nos podemos poner de acuerdo con las personas a las que amamos profundamente, ¿cómo pretendemos vivir en armonía con personas que ni siquiera nos agradan? Aun así, todas las enseñanzas religiosas y espirituales predican que el amor es el objetivo final y la respuesta a todos nuestros problemas. Pensé que este era un acercamiento idealista y muy difícil de aplicar, especialmente las veces que me sentí atacada. Por este dilema escribí *Liberación de patrones emocionales con aceites esenciales*. Sentí que necesitábamos un puente, una guía práctica, para cambiar una emoción o experiencia negativa por una que estuviera basada en el amor y no en el miedo.

Mi tipo de cuerpo es Tiroides, por lo que mis fortalezas son Mental/Espiritual, y, en consecuencia, lidiar con las emociones y situaciones incómodas supone primero entender la situación (Mental) y luego descubrir lo que necesito aprender de ella (Espiritual). Pronto me di cuenta de que esto no era suficiente. Como se ilustró en la teoría de la relatividad de Einstein, vivimos en un planeta de dualidades, así que tiene sentido que las emociones también tengan dos maneras de expresarse: la negativa (miedo) y la positiva (amor). Por ende, cuando siento que alguien es agresivo conmigo, tengo que mirar hacia adentro y ver lo que he estado haciendo o pensando que ha motivado mi necesidad de tener esta experiencia (tomar responsabilidad personal, espiritual). Mi siguiente paso es acceder a la otra cara de la emoción (Mental), lo cual, en este ejemplo de la agresión, es el respeto. Luego, siento ambas caras de esos sentimientos en profundidad (Emocional) hasta su mismo origen, me permito expresarlos incluso con lágrimas.

Ahora es momento de acceder al cuerpo físico. Las emociones se almacenan en la memoria celular y residen en los órganos o regiones del cuerpo que tienen una frecuencia vibracional correspondiente, así como en el sistema límbico del cerebro. Al contactar los puntos emocionales en la frente, podemos acceder a la ruta emocional. Oler el aceite esencial apropiado, en este caso *Valor*, y decir la afirmación "Yo amo" establece una nueva ruta o puente que va de la agresión al respeto. Aplicar el aceite de *Valor* en el punto de alarma corporal asociado, en este ejemplo la corteza suprarrenal, libera la memoria celular y permite una nueva manera de ser. Al establecer un nuevo patrón, en vez de reaccionar al conflicto de manera agresiva, puedo responder desde el amor y permitir a la otra persona que tenga su opinión, y así se hace el cambio del conflicto a la paz.

Astrológicamente, el planeta Marte se acercó a la tierra el 27 de agosto del 2003, haciendo que las cualidades que se le atribuyen afloraran y se convirtieran en un punto focal para la humanidad. Ya que el efecto de Marte se sentirá durante los siguientes 20 años, lidiar con la energía de Marte es imperativo. Los atributos de Marte son: la energía, el movimiento, establecer y cumplir objetivos, hacer las cosas rápido, la impaciencia, la guerra y la necesidad de comunicación. La comunicación es el primer paso en la resolución de conflictos y es esencial para construir la paz del mundo.

La resolución de conflictos implica cuatro pasos. El primero es el diálogo, el cual puede ser explosivo y de naturaleza irracional. A menudo, es también emocional, y las palabras no necesariamente reflejan la situación desencadenante y traen mucha carga emocional (karma). Una vez la emoción o la energía están sobre la mesa, hay que mirar los hechos. Es la oportunidad de determinar lo que es real y lo que es ilusión. El tercer paso es cuestionar lo que requiere tener interés en la otra persona, ponerse en sus zapatos y ver las cosas desde su perspectiva. El último paso es debatir, mirar ambas caras, analizar los pros y contras y encontrar una solución viable que cubra las necesidades de ambas partes es una situación en la que todos salen ganando, no solo para el presente sino para el futuro. Esta solución es el aspecto espiritual, lo que corresponde a la lección y se expresa en la afirmación para la "Salida" en la sección de la Referencia emocional de este libro.

Las culturas tradicionalmente confiaban en los sacerdotes, los reyes o los jueces para resolver los conflictos. Ahora nos estamos adentrando en una época que requiere que todas las personas dominen el arte de la resolución. En el siglo IX, cuando el rey Arturo estableció a los caballeros de la mesa redonda para desarrollar una nueva manera de resolver los conflictos. Su código de honor consistía en vivir al máximo potencial de cada uno, transmutando el deseo de adentrarse en los logros personales y reemplazar el fastidio por felicidad. Los actos caballerescos consistían en intervenir y, en última instancia, empoderar a los que no tenían poder. Perceval representa la autopurificación en el proceso de cuestionamiento: hacer la pregunta correcta en el momento adecuado. La búsqueda del Santo Grial implica el proceso de convertirse en un ser humano libre, lo cual supone liberar los antiguos patrones que nos mantienen encerrados en un comportamiento negativo.

Una de las mejores maneras de identificar patrones negativos consiste en observar lo que atraemos en nuestras relaciones. Las emociones negativas son las más familiares y fáciles de detectar, y proporcionan un punto de partida excelente. El estrés es la queja más común, y el conflicto es la causa número uno. El conflicto reside en la corteza suprarrenal, mientras que el miedo a enfrentarse al mundo se guarda en las glándulas suprarrenales. Volverse un guerrero pacífico o un caballero de la mesa redonda donde todo el mundo es respetado por igual supone lidiar con el conflicto, no con más conflicto (guerra) sino con paz. La paz requiere trabajar con un patrón de respuesta negativa con la mayor frecuencia y operar desde un lugar interior de paz.

Seleccioné 12 aceites esenciales para usarlos con los aceites de Armonía de los Chakras. Los dos aceites que particularmente me gusta incluir son Sacred Mountain e Idaho Balsam Fir. Sacred Mountain se relaciona con el tercer chakra en el plexo solar, que se relaciona con pertenecer a la conciencia colectiva. Idaho Balsam Fir es para el octavo chakra, que alinea todos los chakras y solidifica la intención de volver el cuerpo, la mente y el espíritu al punto de perfección.

El Kit de Guerrero de la Paz contiene 12 aceites: *Peace & Calming, Purification, Peppermint, Frankincense, Valor, Lavender, Lemon, Harmony, Clarity, Juva Flex, Common Sense* y *Highest Potential,* junto con una guía rápida de referencia para usar durante momentos de estrés.

Tal como representa Perceval, el cambio requiere introspección y autodescubrimiento. Nuestros cuerpos tienen la respuesta al autodescubrimiento y la sabiduría. Una de las maneras más fáciles de leer el cuerpo es a través del sistema glandular, que no sólo controla y regula el cuerpo, sino que además guarda el plan de acción y el destino de esta vida. La glándula maestra es la pituitaria, cuya función es dirigir la tiroides, comúnmente asociada con el metabolismo y las glándulas suprarrenales cargadas al manejar la respuesta "pelear o huir", también conocida como la respuesta al estrés. La glándula del páncreas, junto con los órganos asociados, es responsable de la digestión. El resto de las funciones del cuerpo se llevan a cabo gracias a los órganos, sistemas o glándulas correspondientes. Existen 25 tipos diferentes de cuerpos y cada uno es dominado por un órgano, sistema o glándula. Cada uno tiene diferentes rasgos, descritos anteriormente en "Puntos de conexión".

Aunque operamos desde todos los rasgos, tenemos dos que expresamos natural y fácilmente y dos que desarrollamos durante toda la vida. La mejor manera de desarrollar los rasgos recesivos es estar cerca de gente cuyos rasgos dominantes sean los opuestos a los nuestros. La desventaja de estar con personas que son opuestas a ti es que no piensan como tú, y así pueden surgir conflictos, hasta que ambas partes hayan desarrollado sus rasgos recesivos lo suficiente como para apreciarlos como fortalezas cuando otras personas los expresan.

Hay muchas maneras de determinar tus rasgos dominantes. La astrología divide los signos en cuatro elementos, mientras que los especialistas en color los clasifican en cuatro estaciones, las culturas nativas en cuatro direcciones y la psicología en cuatro tendencias. Cada uno de los cuatro elementos representa uno de los pasos necesarios para la resolución de conflictos. El siguiente cuadro refleja los elementos y sus frecuencias correspondientes.

RASGOS	ELEMENTOS	COMUNICACIÓN	ORIENTACIÓN	ESTACIÓN
Emocional	Fuego	Diálogo	Oeste	Otoño
Físico	Tierra	Hechos	Norte	Invierno
Mental	Aire	Preguntas	Este	Primavera
Espiritual	Agua	Debate	Sur	Verano

Identificar tu elemento dominante te ayudará mucho a entender tu estilo de comunicación, así como tus áreas débiles. Para determinar tu elemento dominante, dibuja un círculo alrededor de los dos rasgos de tu tipo de cuerpo. En el caso del tipo Tiroides, los rasgos son mental y espiritual. Identifica tus elementos dominantes astrológicamente: Escorpio es agua. Observa tu estilo de comunicación y encierra en un círculo lo que haces frecuentemente contigo y los demás. En mi caso, debatir. La orientación se relaciona con la ubicación del país donde te encuentras más cómodo. Para mí, vivir en San Diego, California, es el Sur. ¿Cuál es tu estación favorita? La mía es el verano, que también es mi color de estación. Mi estilo al colorear es suave, sutil, ligero y relajado, un elemento de agua que corresponde al verano.

La mayoría de mis respuestas se mueve en la línea del agua y el debate, lo que supone encontrar una respuesta que es justa y equitativa para ambas partes. La injusticia es el miedo almacenado en la tiroides, lo que corresponde a mi tipo de cuerpo y es uno de mis problemas emocionales de base o lecciones de vida. Parte de mi destino o misión de vida consiste en llegar a un punto de resolución aceptando la verdad. Saber la verdad supone cuestionar, y eso resulta en la autopurificación. La búsqueda de la autosuperación me motiva a expresar mi pasión por hacer algo que valga la pena y aportar una contribución valiosa, lo que me brinda una sensación de plenitud. Igualmente, la clave para desbloquear tu destino es en el perfil de tu tipo de cuerpo.

TERAPIA AURICULAR

Otra manera de identificar los patrones emocionales consiste en ubicar los puntos sensibles de las orejas y luego buscar en la sección de Referencia emocional. Los puntos emocionales en las orejas son fácilmente accesibles, lo que es beneficioso para iniciar la liberación o agilizar la mejora. Para una liberación general, aplica RELEASE en todos los puntos. El aceite HARMONY es maravilloso para un masaje general. Es mejor empezar todas las terapias equilibrando el sistema eléctrico del cuerpo aplicando VALOR en los pies (aplica seis gotas en la planta de cada pie, y sostén el pie derecho con la mano derecha y el pie izquierdo con la mano derecha hasta que el pulso esté sincronizado). Cuando el sistema eléctrico está en equilibrio, el cuerpo acepta fácilmente la frecuencia superior de los aceites esenciales. Quizás también quieras usar los aceites que mencionamos más adelante para puntos específicos, aunque HARMONY o FORGIVENESS tienen un efecto positivo en todos los puntos. Los puntos que necesitan más atención a menudo serán sensibles.

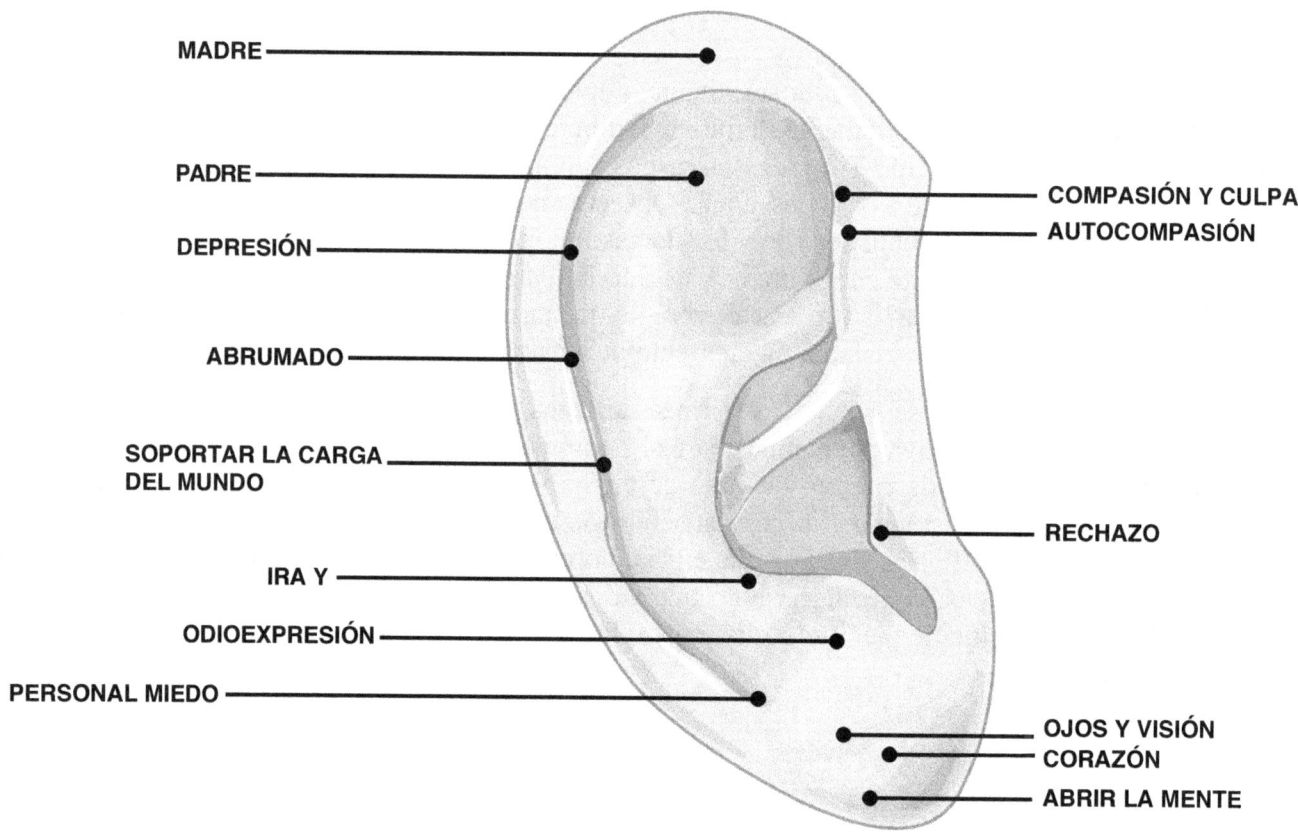

No es necesario usar todos los aceites sugeridos. De hecho, eso podría ser abrumador. Escoge uno o dos problemas y aplica los aceites diariamente para un apoyo constante. También puedes estimular los puntos en los que estás trabajando solo presionando con los dedos, incluso sin los aceites, varias veces al día. Esto es muy útil si lidiamos con depresión. Aplicar en capas significa poner un aceite directamente sobre otro.

---

[11] Gráfico de *Reference Guide for Essential Oils,* por Connie y Alan Higley

Aceites esenciales

PROBLEMAS CON LA MADRE o FEMENINOS: GERANIUM.
Aplica YLANG YLANG para cuestiones de abuso sexual. Luego, aplica una capa de FORGIVENESS y ACCEPTANCE para los problemas de abandono. SARA o INNER CHILD también pueden ayudar.

PROBLEMAS CON EL PADRE o MASCULINOS: LAVENDER
Aplica SARA, YLANG YLANG y RELEASE para cuestiones de abuso sexual. Luego aplica una capa de HELICHRYSUM para otros problemas de abuso masculino. HELICHRYSUM ayuda a liberar la ira arraigada. Si se relaciona con la infancia, GENTLE BABY o INNER CHILD pueden ayudar.

DEPRESIÓN: Muchos aceites ayudan a combatir la depresión. Algunos de los mejores son HOPE, VALOR, JOY, LAVENDER, WHITE ANGELICA, GENTLE BABY, INNER CHILD, SARA, PEACE & CALMING, CITRUS FRESH, HUMILITY y CHRISTMAS SPIRIT.

ABRUMADO: Aplica ACCEPTANCE y HOPE, VALOR, o GROUNDING.

SOPORTAR LA CARGA DEL MUNDO: ACCEPTANCE, VALOR y/o RELEASE. Recuerda aplicar uno sobre otro si usas más de una mezcla.

IRA y ODIO: FORGIVENESS, ACCEPTANCE, HUMILITY, RELEASE o JOY. La ira arraigada también puede necesitar HELICHRYSUM o VALOR para tener la fortaleza para olvidar (Aplicar en capas si se usa más de una mezcla)

EXPRESIÓN PERSONAL: MOTIVATION y VALOR para tener el coraje de hablar. Aplica RELEASE, seguido de ACCEPTANCE o GATHERING para una expresión focalizada. INNER CHILD si has perdido tu identidad. SURRENDER si hay expresión desmedida. JOY para disfrutar la vida al máximo.

MIEDO: Este punto casi siempre está sensible cuando el miedo está presente. Aplica una capa de VALOR con ACCEPTANCE, HARMONY, RELEASE, o JOY. Aplica SARA, INNER CHILD o GENTLE BABY en caso de problemas relacionados con la infancia, o INTO THE FUTURE si sientes miedo al futuro.

ABRIR LA MENTE: 3 WISE MEN se asocia con la coronilla y el ombligo. ACCEPTANCE, FRANKINCENSE, GATHERING, CLARITY, MOTIVATION, SANDALWOOD, MAGNIFY YOUR PURPOSE, RELEASE.

CORAZÓN: JOY, FORGIVENESS y ACCEPTANCE para alcanzar la autoaceptación. BERGAMOT para el duelo. SARA para el abuso. GENTLE BABY, INNER CHILD si el problema se asocia con problemas de la infancia. AROMA LIFE te ayudará a fortalecer el corazón y la disminuir la presión arterial.

OJOS y VISIÓN (dentro y fuera): INTO THE FUTURE, DREAM CATCHER, ACCEPTANCE, 3 WISE MEN, o ENVISION para mejorar la visión y los objetivos. Para mejorar la vista: 10 gotas de LEMONGRASS, 5 de CYPRESS, 3 de EUCALYPTUS en 14,17 gramos de mezcla de aceite V6.

RECHAZO: ACCEPTANCE aplicado con FORGIVENESS. Si hubiera rechazo de la madre, añade GERANIUM. Si es de parte del padre, aplica LAVENDER.

AUTOCOMPASIÓN: JOY, ACCEPTANCE, y FORGIVENESS. PANAWAY si hay mucho dolor, puede que se sienta pesadez en el pecho. Aplica RELEASE, luego VALOR para tener la valentía de ir más allá de la emoción.

SIMPATÍA y CULPA: JOY, INSPIRATION, RELEASE, PANAWAY, ACCEPTANCE. Generalmente se siente más en el cuello y la cabeza. Necesitamos ser compasivos con los demás, no comprensivos. Ser comprensivo implica simplemente el sentir lo mismo que los demás. Ser compasivo es entender y ofrecer ayuda.

TÉCNICAS DE ESCRITURA

A pesar de que hay diferentes maneras de liberar emociones enterradas, una de las más efectivas es escribir, ya que incorpora los sentidos de la visión, el oído (voz interior) y los sentidos kinestésicos. Escribir conecta las emociones (corazón) con la expresión (mano/físico) ya que la rama nerviosa del corazón es la misma que la de la mano. Dado que la escritura proporciona un foro para que el subconsciente hable, es esencial dejar que fluya todo lo que venga a la mente sin censura.

Problemas con la Madre o el Padre

Nuestra primera experiencia con otras personas es la relación que tenemos con nuestros padres o tutores. Consecuentemente, nuestras opiniones, creencias y expectativas acerca de las mujeres se basan en nuestras experiencias con nuestra madre, mientras que lo que pensamos acerca de los hombres tiene que ver con nuestro padre. Uno de los primeros pasos en el desarrollo personal implica liberar emociones enterradas que se relacionan con nuestros padres o figuras de mayor autoridad en nuestras vidas.

Un método simple, aunque profundo, de dejar ir el pasado es empezar a escribir en un cuaderno. Empieza con la persona con la que tuviste mayor dificultad cuando estabas creciendo y escribe todo lo que te hubiera gustado decir, pero sentiste que no podías. Mientras escribes, los sentimientos de diferentes periodos en tu vida aflorarán inesperadamente. Cuando no sepas qué más escribir o te bloquees, pregúntate "¿y...?", así la siguiente ola de pensamiento vendrá. Al principio, todo lo que aparecerá será negativo. Luego eso cambiará y empezarás a ser capaz de entender a esa persona. A medida que sigas escribiendo, tu actitud cambiará y sentirás compasión por ella. Posteriormente, empezarás a ver lo que has aprendido de tus experiencias y los regalos que has recibido. Continúa escribiendo desde el lado positivo tanto como quieras[12].

Una vez que hayas completado tu escrito con todo lo que te hubiera gustado decir, que tal vez conlleve llenar varios cuadernos, descubrirás que tu relación con esa persona cambiará. El pensamiento común es que la otra persona ha cambiado, cuando la realidad es que tú has cambiado.

Asumir responsabilidad individual

Cuando limpias los problemas de base con tu madre o tu padre, es momento de asumir responsabilidad por lo que estás creando en tu vida. Cinco elementos son los que crean tu experiencia, y ellos pueden ser trabajados en un programa de escritura de 5 partes. Para esta sección necesitarás 5 cuadernos pequeños o uno grande que puedas dividir en 5 secciones. Usa una libreta o separador para cada una de las siguientes secciones:

1. Negativa: Emociones y pensamientos

2. Positiva: Emociones y pensamientos

3. Objetivos: En 10 años

4. Deseos

5. Plano: Cómo estructuras tu vida para que se manifiesten tus deseos y objetivos

---

[12] *Velvet Hammer*, Doctor Lee Gibson. PEAKE Seminar
[13] Gary Young, s.f. Phoenix Training Seminar. 1999

Aceites esenciales

Empieza escribiendo en la sección Negativa, ya que te ayudará a limpiar los problemas no resueltos y liberar las emociones. Ya que muchos de nosotros tenemos emociones enterradas desde hace años, hay mucho que liberar (más de lo que puede hacerse en un solo día) así que tal vez quieras reservar un tiempo determinado para escribir regularmente.

Acaba cada sesión escribiendo al menos una frase positiva en las secciones Positiva, Objetivos o Deseos, pues ayuda a mejorar la autoestima.

Escribir es más efectivo que hablar en una grabadora, porque nos conecta con el sentido de la vista. Usar un lápiz de mina ayuda a transferir la emoción.

La escritura "ciega" es una buena manera de permitirle a tu inconsciente que hable, especialmente cuando la mente consciente es fuerte y le gusta controlar. Simplemente cierra tus ojos y escribe. Cuando acabes, léelo de nuevo.

Existen aceites específicos que te pueden ayudar con la limpieza y la liberación durante el programa de escritura:

SURRENDER — Libera pensamientos negativos. Ponlo en el difusor, aplícalo en la sien o huele el aceite.

GATHERING — Ayuda si tu mente salta de una cosa a la otra o si tienes pensamientos desperdigados. Si tiendes a ser demasiado analítico, aplica el aceite en tu frente usando 2 o 3 dedos, empezando en tu sien izquierda con tu mano derecha, y respira profundamente. Esto te hará cambiar de tu cerebro izquierdo al derecho. Si tienes problemas para concentrarte o dificultad para aceptarte, revierte el movimiento usando los dedos de tu mano izquierda y pásalos por la frente empezando en la sien derecha, y respira profundamente. GATHERING te ayuda a liberar emociones y sentimientos.

ACCEPTANCE — Dificultad para aceptar la emoción. Aplica el aceite sobre el Tercer Ojo (situado en el centro de tu frente) antes de perder el control de manera excesiva e incontrolable.

FORGIVENESS — Para cualquier cosa por la que te sientas culpable. Di "Está bien" y aplica el aceite en el sentido de las agujas del reloj en el ombligo varias veces.

HOPE — Si te sientes deprimido o desesperado. Aplica en la parte superior de las orejas o en el borde de la oreja.

BRAIN POWER o CLARITY — Confusión mental. Aplica en la sien o bajo la nariz.

JOY: Mejora los sentimientos de autoestima. Aplica el aceite en el corazón, especialmente cuando estés listo para completar la sesión de escritura.

WHITE ANGELICA — Protección contra el bombardeo. Te ayuda a mantener un espacio positivo. Aplica en el esternón, los hombros y la nuca. WHITE ANGELICA siempre debe aplicarse último, porque cuando limpias, te vuelves muy sensible a las energías de alrededor y es aconsejable ser selectivo con las frecuencias que mantienes en tu campo energético.

El Dr. Donald Gary Young usó con éxito esta técnica de escritura para tratar enfermedades crónicas degenerativas como la esclerosis múltiple, el cáncer, la artritis y el lupus. Las emociones y pensamientos negativos atascados nos llevan a explosiones emocionales, ya sean hacia afuera o hacia dentro, y se expresan en forma de enfermedad. Insistir con pensamientos y emociones negativas hace que se magnifiquen. El camino de liberación implica procesar o entender la lección, perdonarte por haber necesitado aprender esa lección, perdonar a otros por haberte traído esa lección y liberar la emoción bloqueada al permitir que se mueva a su polaridad opuesta (escogiendo cómo te gustaría responder en futuras situaciones) y liberar el patrón de tu memoria celular.

Una vez que limpias los problemas más grandes de tu vida, los más imperceptibles saldrán a la superficie. Los problemas más grandes están directamente relacionados con tus pensamientos y son como bacterias, en el sentido que pueden ser devastadores e incluso mortales. Los problemas sutiles están asociados con residuos de pensamientos antiguos y son como los virus, ya que drenan tu energía y causan fatiga. Los hongos son maliciosos y se relacionan con creencias de la familia y la sociedad, comúnmente conocido como conciencia de raza.

El primer paso es limpiar tus propios pensamientos o tomar dominio sobre tu propio menaje. Esto es lo que significa ser responsable. Tus pensamientos son, al final, la única área que puedes controlar, y son tus pensamientos los que determinan tu realidad.

Según el Dr. Young, una mente ocupada previene el espacio negativo y una mente desocupada lleva a emociones negativas. Esto ocurre porque una mente desocupada está receptiva y atraerá cualquier cosa que está a su alrededor. La mente es como una radio, sintoniza y emite la frecuencia más fuerte. Para callar el parloteo de la mente, bríndale un pensamiento positivo como una afirmación, y escucha grabaciones y música positiva. Trabajar en un proyecto que te reta y que te llena le permite a tu mente ser creativa. Una mente creativa canaliza energía de manera positiva, haciendo que mantener el espacio positivo sea fácil.

Ahora que has hecho la tarea, puedes expresar tus talentos. Es un momento de autodescubrimiento, de mirar hacia adentro para encontrar tu pasión y tu aventura creativa. Todo lo que necesitas saber está dentro de ti. Escucha a tu cuerpo y a tu sabiduría interior. Saber cuál es tu tipo de cuerpo valida lo que intuitivamente ya sabes y te proporciona una base para luego ir llenando los espacios vacíos.

AUTOAPOYO

Aceptarte

Despertar la conciencia supone reconocer lo que "tú" eres y aceptarte. Un ejercicio útil consiste en plantarte delante del espejo y mirarte a los ojos. Mantén el contacto visual mientras dices con sinceridad "me acepto tal y como soy" 100 veces (si quieres, puedes poner una alarma para no tener que estar contando). Una vez que te has aceptado tanto a ti como a tu realidad, puedes empezar a cambiar.

Cambiar las creencias

Cambiar las creencias limitantes supone ser consciente y escoger una nueva dirección. Todas tus emociones pueden dividirse en dos categorías: *Amor* y *miedo*. Todo lo que sea negativo, restrictivo o limitante está basado en el miedo. Lo que es positivo, compasivo y sirve de apoyo se basa en el amor. Cambiar los antiguos patrones de pensamiento requiere cambiar las palabras o las instrucciones que le enviamos a nuestro subconsciente. Un paso muy importante hacia el cambio de conciencia implica eliminar las palabras limitantes de tu vocabulario. Dos de las más usadas comúnmente son *no puedo* e *intentar*.

No puedo se traduce en "no lo haré", además de relacionarse con sentirse inútil en vez de sentir responsabilidad propia. Si no tienes una respuesta inmediata para algo, puedes usar frases como "escojo saber", "la respuesta llegará" o "lo averiguaré".

La palabra *intentar* significa tratar de hacer o conseguir. Tratar significa hacer un esfuerzo, pero no conseguirlo, no tener éxito. Intentar se relaciona con estar estancado o indeciso.

Tener éxito, conseguir o alcanzar un objetivo supone que lo veas en tu mente. Mejor que decir "lo intento", asume el compromiso de hacerlo o no hacerlo y haz que tus palabras reflejen tu decisión. Al hacerlo, eliminarás un esfuerzo absurdo y malentendidos que herirán los sentimientos de otras personas. Si no estás seguro de que te puedes comprometer con algo, exprésalo con comentarios como "lo voy a considerar" o "en este momento, no está en mis planes hacerlo".

Cambiar tu realidad requiere una comunicación honesta entre tu mente consciente y tu subconsciente. Tu subconsciente se toma de forma literal todo lo que recibe, es como una enorme base de datos y refleja la información que se introduce en él.

Hacerte cargo de tu vida significa tener una dirección u objetivos que te hagan consciente de a dónde vas. Lo que paraliza a la gente es el miedo a lo desconocido y un cierto nivel de comodidad en lo que se conoce, aunque sea doloroso. Se necesita energía para cambiar, por eso los grupos de apoyo, materiales inspiracionales y amigos positivos hacen una gran diferencia. Al final, se requiere *fe*, entendida como *enFrEntalo*, enfrenta a tus miedos. El *miedo* es evidencia falsa que parece real.

PROCEDIMIENTO DE PRUEBA MUSCULAR PARA MÉDICOS Y TERAPEUTAS

1. La terapia de localización usa la prueba en un músculo como indicador para determinar la presencia de una desconexión en el campo energético. Para localizar un músculo fuerte que quieres usar como indicador, toca el punto en cuestión y hazle la prueba al músculo de nuevo. La debilidad en el músculo que previamente era fuerte indica una respuesta positiva. Para determinar la presencia de un patrón emocional, toca los puntos emocionales en las eminencias frontales. Si el músculo que resultó ser fuerte anteriormente ahora se muestra débil, significa que existe un patrón emocional.

2. Identifica la emoción preguntando a la persona cuáles son los problemas o emociones con los que está lidiando en la actualidad y realiza la prueba con el músculo indicador. Una vez que se define la respuesta, confírmala contactando o "localizando terapéuticamente" los puntos emocionales y el punto de alarma (órgano) correspondiente para esa emoción.

   Si el paciente es incapaz de identificar la emoción, dirígete al área de dolor o molestia y localiza terapéuticamente el órgano de ese punto de alarma. Confirma con los puntos emocionales y la emoción.

3. Pide al paciente que sienta la emoción, y luego "la otra cara" de la emoción. Hacer la prueba usando el músculo indicador ayuda a solidificar la emoción en la experiencia del paciente. Explica las emociones tanto como sea necesario para que el paciente las entienda. Menciona "la salida". Realiza la prueba al músculo indicador y brinda las explicaciones tal y como se indica.

4. Pide al paciente que huela el aceite, aplica una gota en tu mano no dominante y frota el aceite en el sentido de las agujas del reloj para activarlo. Aplica el aceite en el punto de alarma, o puntos si es bilateral, y los puntos emocionales. Mientras se aplica el aceite, menciona la emoción, la "otra cara" y "la salida", motivando a la persona a conectar con sus sentimientos y ayudando a que salgan a la superficie.

5. Realiza la prueba para determinar la frecuencia de uso. En algunos casos, una sola aplicación es suficiente. Depende de la profundidad del patrón, las personas normalmente necesitan aplicar el aceite 3, 7, 10 o 18 veces al día durante 1, 3 o 7 semanas. Cuando se trabaja con diferentes emociones, los aceites se pueden aplicar en capas, una encima de la otra y con 15 minutos de diferencia, así los pacientes pueden usarlos antes y después del trabajo o cuando tengan oportunidad de concentrarse en sus emociones.

   Si el paciente no puede usar el aceite con la frecuencia requerida o tiene que interrumpir su uso, puede extender el periodo de tiempo. La frecuencia y la duración del tratamiento es un indicador de la profundidad del patrón emocional, no un absoluto. Algunos pacientes pueden necesitar extender el tratamiento, así que hay que revisarlo una vez que se haya completado.

6. Informa al paciente lo que hará a continuación:
   a) Sentir la emoción y oler el aceite
   b) Aplicar el aceite en el punto de alarma y conectarse con "la otra cara" de la emoción
   c) Aplicar el aceite en los puntos emocionales y mencionar "la salida".

La terapia verbal es esencial para entender la situación, pero se requiere mucho más que conocimiento para cambiar un patrón. El patrón necesita ser liberado desde el cuerpo para cambiar una respuesta condicionada. Una vez que esto se entiende, las emociones almacenadas pueden ser liberadas de la memoria celular a través de los puntos de alarma. La aromaterapia se usa para acceder al asiento de la emoción en el sistema límbico del cerebro. Identificar la emoción (negativa), su "otra cara" complementaria (positivo) y la lección con "la salida" de ese estado incómodo trae la lección a la mente consciente. Este conocimiento aporta la conciencia necesaria para aprender la lección y cambiar el patrón de comportamiento. Oler y aplicar aceites esenciales específicos en las áreas donde las emociones están almacenadas nos permite liberar el patrón celular desde el cuerpo, y así, el patrón emocional puede cambiar.

TÉCNICAS DE MEJORA

El uso de estas técnicas puede mejorar el proceso de limpieza al facilitar la liberación de la carga emocional y reducir el número de repeticiones necesarias para cambiar el patrón.

Experimenta los sentimientos plenamente

1. Identifica la emoción. Siente la emoción y encárnala por completo junto con todo lo que está asociado con ella.

2. Huele el aceite, inhalando y exhalando la emoción. En la tercera respiración permite que la frecuencia de la emoción te lleve a la otra cara. (Si la emoción es ira, quédate con la ira hasta que llegue la risa). Para ayudar con la liberación de la emoción, inhala la emoción positiva (risa) y exhala, dejando ir lo negativo (ira).

3. Una vez que has alcanzado la emoción opuesta (risa), aplica el aceite *Purification* y di la afirmación con conciencia ("mi dirección es clara") y continúa diciéndola hasta que la energía se libere y se limpie. Esto sucede cuando alcanzas un punto de quietud y la energía no se mueve más.

Cuando trabajes con un facilitador, este mantendrá el espacio, permitiendo que la persona entre en la energía. La clave es sostener ese espacio sin prejuicios para que la persona pueda experimentar la emoción plenamente. Para una mayor efectividad, es mejor que el facilitador haya hecho una liberación emocional del patrón antes de trabajar con el cliente.

Limpia mientras duermes

Programa tu mente subconsciente para trabajar con las emociones mientras duermes. Difunde el aceite esencial colocando el difusor al lado de la cama con el aceite para la emoción que quieres limpiar.

Huele el aceite y conecta con la emoción. Aplica el aceite en los puntos de alarma y siente la otra cara de la emoción. Toca los puntos emocionales en tu frente y di la afirmación. Puedes trabajar diferentes emociones simultáneamente.

Aceites esenciales

Prueba muscular

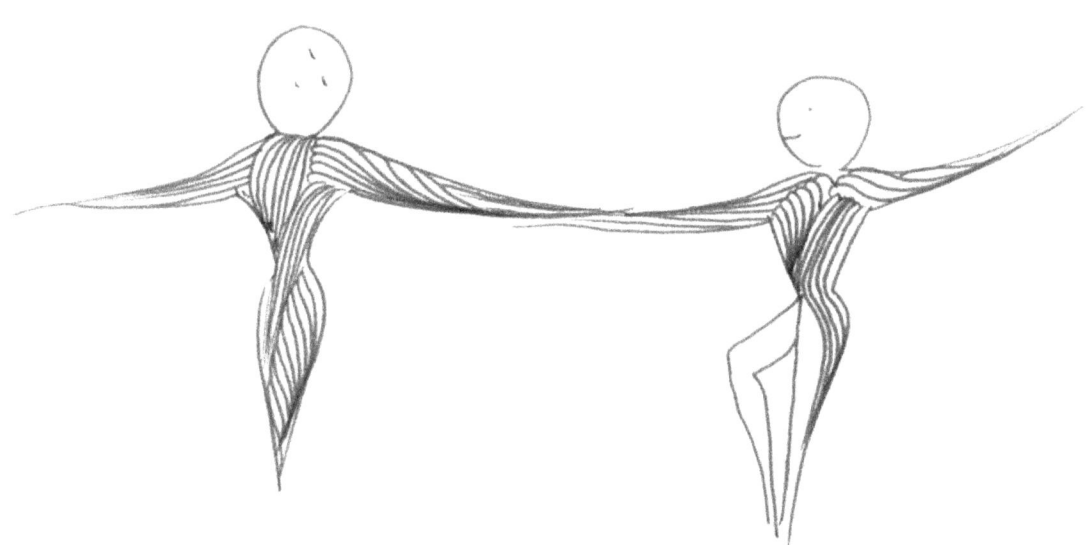

LOS BENEFICIOS DE LA PRUEBA MUSCULAR

La prueba muscular es una técnica que permite que te comuniques directamente con tu cuerpo. Te puede decir exactamente lo que tu cuerpo necesita en cada momento. Para mí es, sin duda, la herramienta más valiosa que he usado. A través de la prueba muscular pude determinar los aceites asociados a cada emoción.

La prueba muscular es muy sencilla. Es una manera de comunicarte con tu subconsciente. Esto es importante porque el subconsciente es el que está a cargo de hacer funcionar y mantener tu cuerpo.

Para realizar la prueba, todo lo que tienes que hacer es encontrar un músculo que sea un buen indicador en relación a diferentes estímulos. Seguramente haya diferentes aceites que estás consideres usar, y te estarás preguntando dónde usarlos y con qué frecuencia.

INTERPRETAR LOS RESULTADOS

Los músculos más usados en esta prueba son los músculos del hombro, del pecho, del brazo o de la espalda. Cuando hacemos la prueba, si los músculos se mantienen firmes a pesar de la presión que se aplica, la cuestión que estamos comprobando tiene un efecto positivo o beneficioso en tu cuerpo. Si la presión hace que el músculo se debilite o ceda, entonces la sustancia que estamos probando tiene un efecto negativo y usa más energía para ser procesada o eliminada de la que aporta.

Cuando un músculo está débil, puede reflejarse en distintos grados. La debilidad puede ser impactante, y así indicar un "No" definitivo para esa sustancia, o bien ser moderadamente débil o "esponjoso".

Esa "esponjosidad" sugiere que la cuestión no es particularmente beneficiosa para tu sistema, aunque tampoco es perjudicial.

EL ORIGEN Y LAS BASES DE LA PRUEBA MUSCULAR

En 1964, el Dr. George Goodheart, un quiropráctico, descubrió que podía realizar pruebas musculares y sacar información del cuerpo a través de ese proceso. Encontró la manera de sobrepasar el filtro consciente de la mente para comunicarse directamente con el cuerpo. Esto mejoró enormemente la capacidad de diagnosticar, permitiendo que los doctores fueran más específicos. Por ejemplo, si alguien sabía que tenía una infección de orina, lo cual podría confirmarse con un análisis, la siguiente pregunta sería "¿Qué la está causando?" Al usar la prueba muscular y los puntos de acupuntura, los médicos pudieron determinar si provenía de la vejiga, del tracto urinario o de los riñones.

El gran valor de esta prueba es facilitar el diagnóstico de problemas físicos al comunicarse directamente con el cuerpo. A través de la prueba muscular, el Dr. Goodheart demostró la relación entre los músculos y las funciones internas del cuerpo.

Bases de la prueba muscular

La prueba muscular se basa en las pruebas estándar de resistencia muscular para determinar la discapacidad muscular. Fueron desarrolladas por Kendall, Kendall, & Wadsworth, autoridades médicas en kinesiología, que es la ciencia de los movimientos musculares humanos (Muscles: Testing and Function, 2nd ed., Baltimore, 1971)

Cómo funciona la prueba muscular

La prueba muscular funciona a través del uso de la relación biofísica y mecánica entre los músculos, las articulaciones, los nervios y los órganos para identificar los requisitos específicos y desequilibrios del cuerpo. *El método consiste en ejercer bastante presión en un músculo o grupo de músculos y determinar la habilidad de la persona de resistir la presión.*

La prueba muscular es un concepto interesante, y podemos entender cómo funciona tanto física como mentalmente. Desde el punto de vista físico, sabemos que el cuerpo posee un campo de energía que lo rodea. Las pruebas musculares aprovechan las fluctuaciones en este campo de la bioenergía. Si el flujo de energía se ve alterado o se interrumpe, los impulsos del nervio motor se ven afectados, lo que resulta en la disminución de la fuerza muscular.

Aceites esenciales

La Medicina tradicional china ha esquematizado el flujo de energía en su movimiento por el cuerpo en los caminos llamados meridianos. Es en estos meridianos que fluye el Chi, o la fuerza vital del cuerpo. Los chinos han demostrado el efecto de este flujo de energía en la salud a través de la ciencia de la acupuntura, que es otro sistema que puede ser aplicado para tratar diversas dolencias.

Con la fotografía Kirlan como soporte, podemos ver el campo de energía producido por la fuerza vital radiando y formando un aura alrededor del cuerpo. Esto sucede para todos los seres vivos (humanos, animales y hasta las hojas de las plantas y los árboles). Aunque este campo de energía normalmente no es visible al ojo humano, se puede ver fácilmente con este tipo de fotos.

Por qué funciona

Las mecánicas de la prueba muscular también pueden ser explicadas en términos de una respuesta del subconsciente. **La mente subconsciente que controla las funciones internas del cuerpo sabe qué alimentos y sustancias necesita el cuerpo.** El cuerpo está siempre alineado con el subconsciente, así que siempre refleja sus necesidades con precisión.

Mira el efecto que las emociones tienen en el cuerpo. Como se generan subconscientemente, se relacionan con los cambios físicos del cuerpo. La ira, por ejemplo, causa el aumento de la presión arterial, acelera el corazón, la respiración y tensiona los músculos. Otras emociones también se manifiestan físicamente en el cuerpo, y están directamente relacionadas con la respuesta subconsciente.

La prueba muscular utiliza la armonía entre la mente subconsciente y el cuerpo físico, y así nos permite comunicarnos con el subconsciente y examinar la reacción al estímulo al usar el cuerpo como el transmisor y el receptor.

Cuando una sustancia entra en contacto con el cuerpo, el subconsciente reacciona como si fuera beneficiosa, neutra o dañina. Esto produce la respuesta física de disminuir o aumentar la fuerza muscular dependiendo de su efecto en el cuerpo o subconsciente.

CÓMO REALIZAR LA PRUEBA

Técnicas básicas

Escoge cualquier músculo o grupo de músculos para usar como indicador. Cuando la persona a la que se le hace la prueba es más fuerte que la persona que la realiza, es mejor usar un músculo que puede ser aislado y probado individualmente. Así, obtendremos resultados más fiables porque reducimos la probabilidad de recibir ayuda física de los músculos de alrededor.

Cuando la persona a la que se le hace la prueba es mucho más débil que la persona que la realiza, usar un músculo más grande o grupo de músculos ayuda a equilibrar la fuerza relativa. Como la masa muscular es diferente en hombres, mujeres y niños, ofrecemos las instrucciones de para las distintas pruebas. Las siguientes técnicas sugeridas (explicadas más adelante) generalmente son las que mejor funcionan:

- Si un hombre realiza la prueba a una mujer: usar el músculo del hombro.

- Si una mujer realiza la prueba a un hombre: Usar el músculo del pecho o la espalda.

- Si un hombres o mujer realiza la prueba a niños: Usar la combinación de los músculos del pecho y el brazo.

- Auto-prueba: Usar los músculos de la mano y los dedos

Puntos importantes

- *Ser objetivo*. Esto significa que debes asegurarte de no estar pensando en el resultado que quieres que salga mientras realizas la prueba. Tu subconsciente quiere complacerte así que, si de verdad deseas un resultado y piensas en él durante la prueba, puede que obtengas la respuesta incorrecta. Tu mente debe permanecer neutral, o enfócate en hacer bien el test.

- *No es un concurso de fuerza*. Que el músculo tenga una respuesta débil durante el test no implica una deficiencia en el músculo.

- El músculo está bien. Solo se muestra débil en respuesta a lo que se está preguntando porque los impulsos del nervio están siendo interrumpidos. El músculo volverá a ser fuerte cuando ya no esté bajo la prueba de esa cuestión en concreto.

- Cuando trabajas con una persona que nunca ha realizado la prueba muscular anteriormente, practica los movimientos una o dos veces para que se familiarice. *Los malentendidos pueden llevar a resultados incorrectos.*

Presión aplicada

- El músculo es fuerte cuando se siente bien sostenido y no se mueve. Esto generalmente ocurre dentro de los primeros 15 grados del rango de movimiento del músculo.

- Se debe aplicar una cantidad moderada de presión al músculo, y luego liberarla gradualmente.

- Evita los movimientos bruscos y no ejerzas más presión de la necesaria para determinar la fuerza muscular.

- No intentes dominar el músculo, ya que esto podría generar resultados falsos.

- Ejerce la misma cantidad de presión sobre el músculo con cada prueba, y así notarás las diferencias en las respuestas. Si no estás seguro de la reacción muscular, pregúntale a la persona que realizó la prueba cómo se sintió y luego evalúa los resultados.

Si la respuesta no parece clara, puedes definirla usando la Técnica de mejora (desarrollada por Scott Walker, doctor quiropráctico). Gira la cabeza a la derecha mientras que la persona a la que le haces la prueba gira la cabeza a la izquierda, de modo que ambos miren hacia el mismo lado. Hacer la prueba de esta manera exagerará las diferencias en las respuestas que previamente se habían percibido como leves.

Aislamiento del músculo

No acumular: Asegúrate de que la persona que se somete a la prueba no use músculos adicionales que modifiquen la respuesta. El cuerpo quiere ser fuerte y a menudo usará otros músculos que ayuden para compensar los débiles. Esto se hace cambiando ligeramente la posición del brazo, doblando el codo o inclinando el cuerpo. Dado que el objetivo es aislar un músculo, poner en juego otros músculos dificulta la realización de las pruebas, y a menudo invalidará los resultados.

Pruebas específicas

El propósito de las siguientes pruebas es determinar la fuerza o la debilidad.

- La fuerza, o "Sí" en la respuesta, se hace presente cuando el músculo es fuerte y está aislado. Ten cuidado de no dominar el músculo al que le estás haciendo la prueba.

- La manera más fácil de aprender a realizar la prueba muscular consiste en empezar a trabajar con otra persona y hacerse la prueba mutuamente. Una vez te familiarizas, estarás listo para hacerte el autoexamen.

PRUEBA 1: Un hombre realiza la prueba a una mujer

Cuando una persona de masa muscular más grande (hombre) **realiza la prueba en alguien de menor masa muscular** (mujer).

Esta prueba usa el deltoides, músculo del hombro.

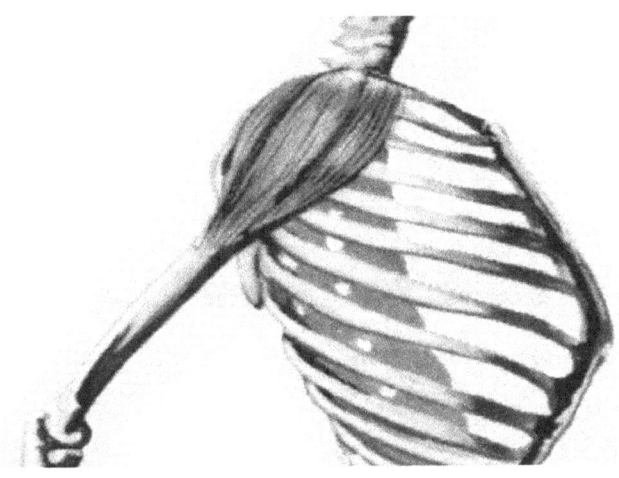

1. Sentada o de pie, la mujer extiende un brazo hacia delante o hacia el lado horizontal al suelo.

2. La palma de la mano de la mujer debe estar boca abajo con el codo recto, pero sin trabar.

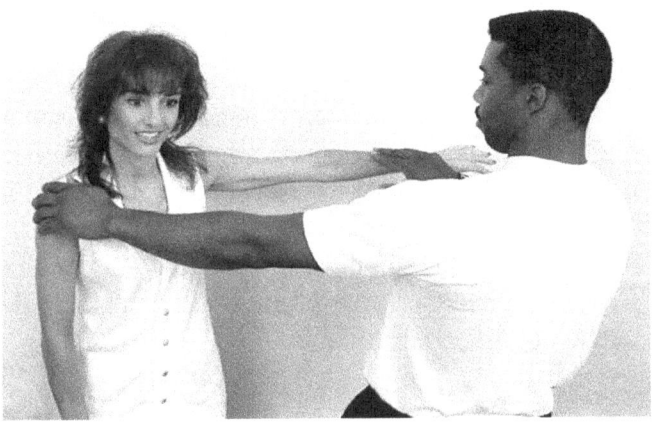

Brazo extendido hacia el lado.

3. Los músculos del brazo, pecho y espalda deberían estar lo más relajados posible para no reforzar el músculo del hombro con ayuda de otros músculos.

4. El hombre se pone de pie delante o al lado de la mujer y ejerce presión hacia abajo, justo encima de la muñeca. Esto determina la fuerza del músculo del hombro.

5. Si el hombre es considerablemente más fuerte que la mujer, la mujer puede doblar el codo y llevar la mano hacia dentro, de manera que se reduzca la ventaja del hombre al presionar el codo.

Brazo extendido hacia delante en ángulo recto con el cuerpo.

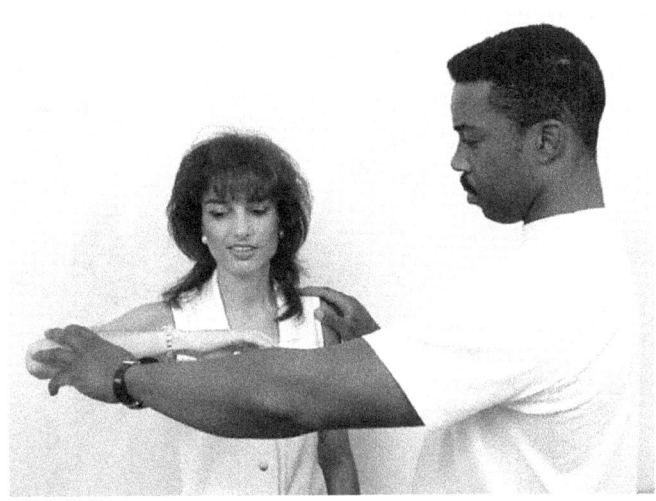

El brazo hacia afuera con el codo doblado. Doblar el codo disminuye la fuerza del hombre, haciendo la prueba más fácil para la mujer.

PRUEBA 2: Una mujer realiza la prueba a un hombre

Esta prueba es útil cuando la persona que hace la prueba (mujer) tiene bastante menos masa muscular que la persona que se somete a la prueba (hombre) o cuando ambas personas son del mismo tamaño (también podría ser el caso de dos mujeres o dos hombres de fuerza comparable). Utiliza el pectoral mayor clavicular o la parte superior del músculo del pecho adjunta a la clavícula.

Empezar con la posición de un "Sí" firme como respuesta

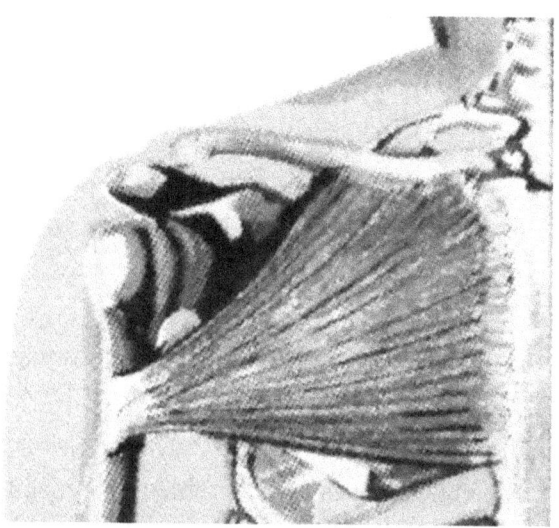

Pectoral mayor clavicular

1. Como en la Prueba #1, la persona que se somete al test extiende el brazo hacia delante con el codo trabado y la palma hacia afuera, con el pulgar apuntando hacia el suelo.

2. La persona que realiza la prueba aplica presión en el brazo por encima de la muñeca, pero en lugar de empujar hacia abajo, la fuerza se ejerce en un ángulo de 45 grados en dirección opuesta al cuerpo.

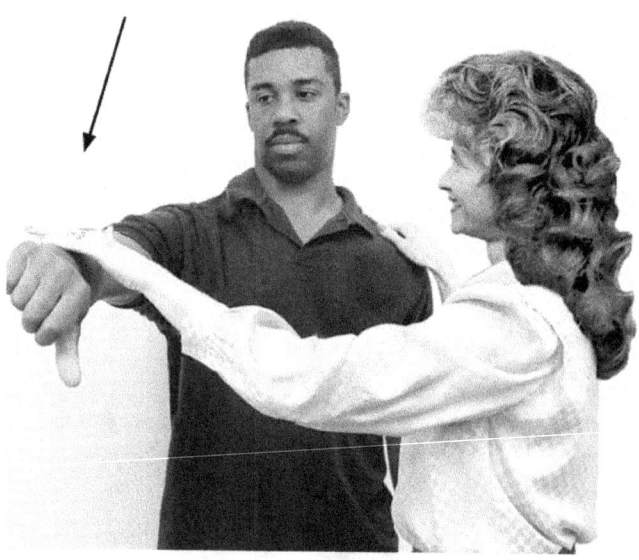

Posición final con respuesta débil o "No"

Ejercer presión firme en un ángulo de 45 grados de separación del cuerpo.

PRUEBA 3: Prueba alternativa

Otra prueba que es muy fácil de hacer implica el uso del Latissimus dorsi o el músculo de la espalda. Puede implementarse cuando ambas personas son del mismo tamaño o alguna de las dos es más grande. Se puede hacer con la persona de pie o recostada.

Músculo Latissimus dorsi

Empezar con la posición de un "Sí" firme como respuesta

Posición final con respuesta débil o "No"

1. La persona que se somete a la prueba se pone de pie con un brazo extendido hacia abajo al lado del cuerpo y rotado hacia dentro, de manera que la palma de la mano y el codo miren hacia afuera, separada del cuerpo.

2. La persona que realiza la prueba aplica presión firme justo encima de la muñeca de la persona, empujando hacia afuera. La otra mano se coloca encima del hombro para estabilizar el cuerpo.

3. Si el músculo es fuerte y se queda cerca del cuerpo, la respuesta es "Sí".

4. La debilidad se hace aparente en los primeros 5-15 grados, cuando el músculo no puede cooperar o está bloqueado y se separa del cuerpo.

PRUEBA 4: Realizar la prueba a niños (4-8 años)

En esta prueba usamos los músculos del pecho y de los brazos. Esta excepción al aislamiento de un solo músculo aumenta la resistencia del niño a la presión del adulto.

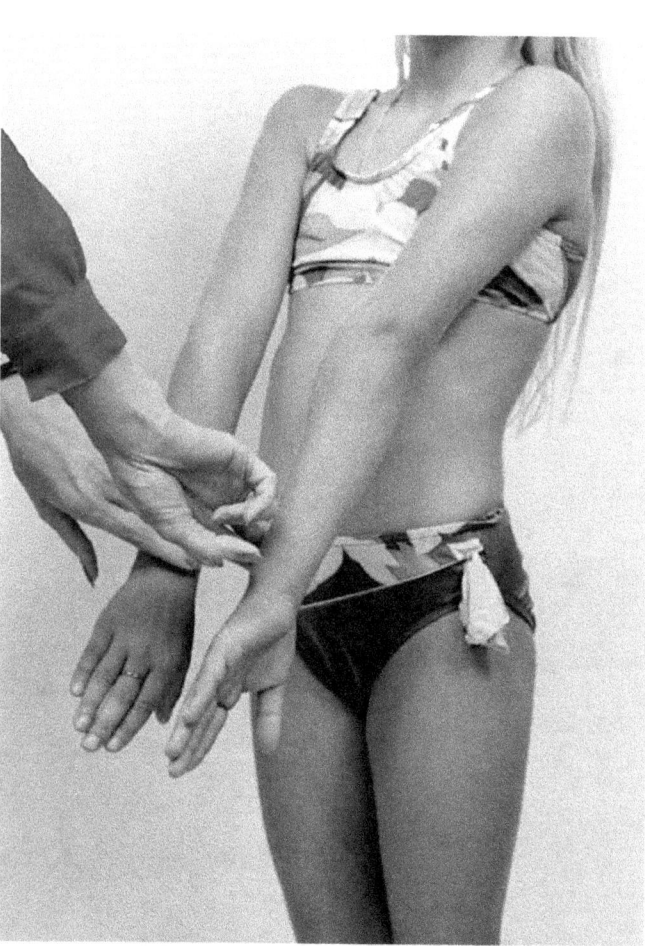

Empezar con la posición de un "Sí" firme como respuesta (brazos juntos)

1. Ambos brazos se extienden hacia abajo, delante del cuerpo, manteniéndolos cerca.
2. Las palmas de las manos se giran hacia afuera, y la parte exterior de las muñecas se juntan.
3. La persona que realiza la prueba se posiciona delante de la otra persona e intenta separar las muñecas, aplicando presión justo por encima de ellas. Cuando los niños son pequeños, solo usamos el dedo índice.

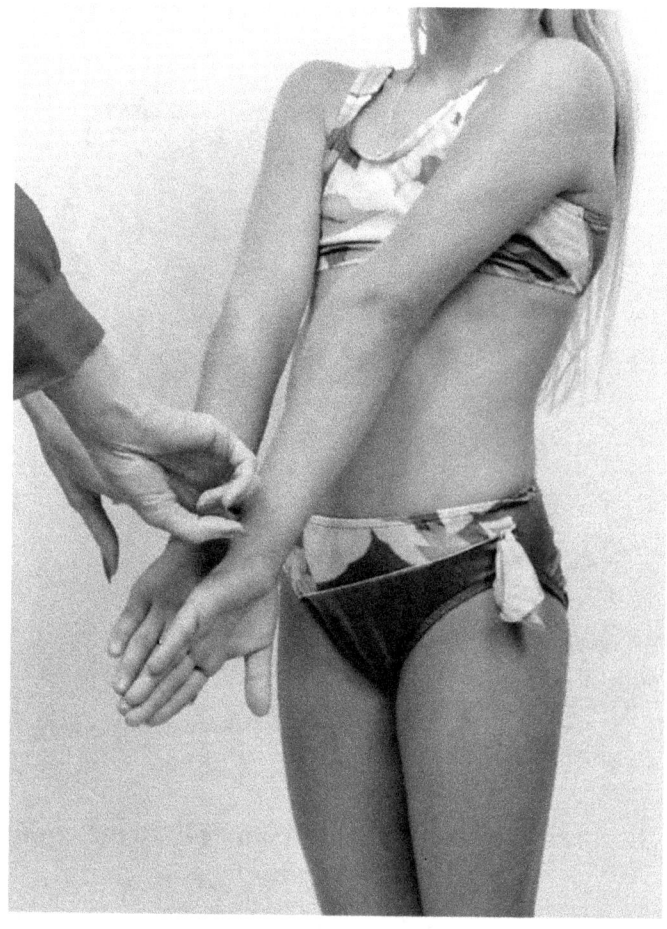

Posición final con respuesta débil o "No" (brazos separados)

NOTA: Cuando se le hace la prueba a niños pequeños, resulta de ayuda decirles "empuja tus muñecas para que estén juntas" ya que lo entienden mejor que si se les dice "resiste" o "mantén los brazos juntos".

PRUEBA 5: Prueba con el movimiento del cuerpo

La primera vez que experimentas esta prueba es mejor que tengas a alguien presente para que te sostenga porque puede haber un considerable movimiento del cuerpo. Algunas personas consideran que esta prueba es la mejor para hacerse el autotest, mientras que otras necesitan a alguien más que asista.

1. Sácate los zapatos, sobre todo si llevas tacones. Ponte de pie con los pies planos en el suelo y relájate; deja que tu cuerpo se mueva.

Posición inicial o neutral

2. Ten a alguien a tu lado, listo para agarrarte, con sus manos a cada lado de tu cuerpo.

3. Cierra los ojos y relaja tu cuerpo. Di "Sí" deliberadamente tres veces y permite que tu cuerpo se mueva. Deja que la persona que está a tu lado observe la dirección en la que te mueves y te agarre si es necesario.

4. Cierra los ojos y relaja tu cuerpo. Di "No" deliberadamente tres veces y permite que tu cuerpo se mueva. Deja que la persona que está a tu lado observe la dirección en la que te mueves y te agarre si es necesario.

5. Determina la dirección en la que se mueve tu cuerpo para "Sí" y para "No". Algunas personas se mueven hacia delante para "Sí" y hacia atrás para el "No", y otras al revés. Algunas se balancean en el sentido del reloj y otras en sentido contrario. Algunas casi ni se mueven. Si tu cuerpo se mueve en una dirección definida, esta es una prueba simple y precisa que puedes usar.

Prueba 6: Autoexamen

Con estos dos simples **métodos para autoxaminarte,** trabajas con la oposición de tus propios músculos. Ser objetivo para obtener resultados precisos es más difícil con estos métodos y probablemente deberían ser usados solo cuando tengas más experiencia con la prueba muscular.

Estas pruebas admiten diferentes grados de debilidad, igual que las pruebas en las que usamos músculos más grandes. Cuando se ha especificado el uso de la mano izquierda y derecha en estas direcciones, también se puede usar la inversión de la mano izquierda hacia la derecha.

Autoexamen: Método anillo "O"

1. Las yemas de los dedos pulgar e índice de tu mano izquierda deben tocarse, y así formar una abertura circular (anillo "O")

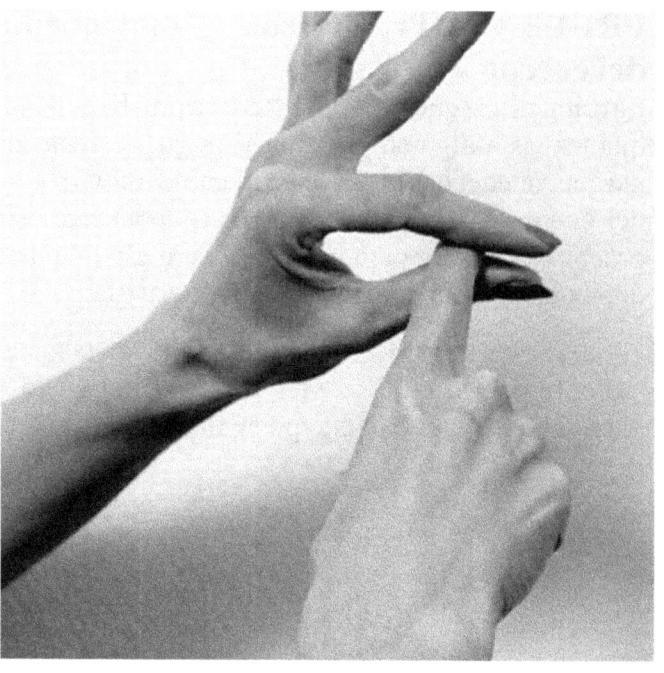

Mueve el dedo tratando de romper la barrera

Empieza este movimiento tan atrás como sea posible para tomar impulso hasta la barrera.

4. Si no rompes la barrera, el músculo es fuerte. Si la rompes, es indicativo de una respuesta débil del músculo. El resultado será "Sí" (fuerte) o "No" (débil).

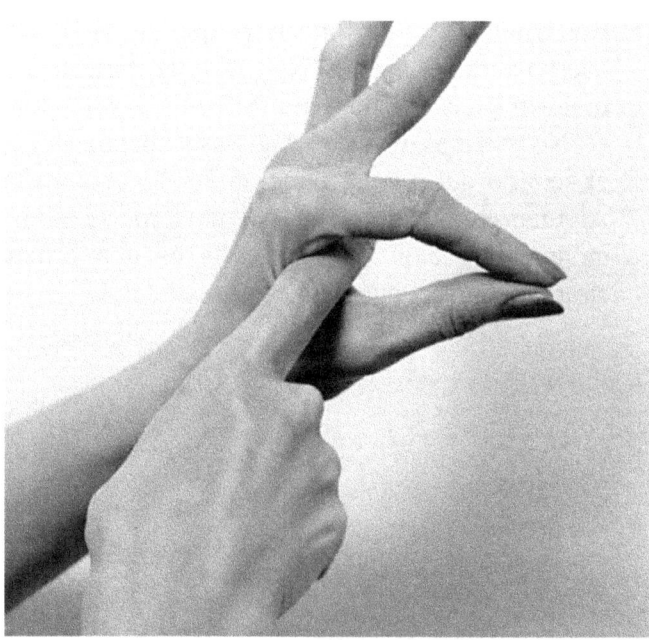

Anillo "O" con el dedo inserto

2. Inserta el índice de tu mano derecha en la abertura, de manera que descanse sobre la palma de tu mano izquierda.

3. Mientras mantienes pegados los dedos pulgar e índice, mueve rápidamente y con fuerza tu dedo índice derecho hacia la punta del pulgar e índice de tu mano izquierda, tratando de romper la barrera que estos dedos forman.

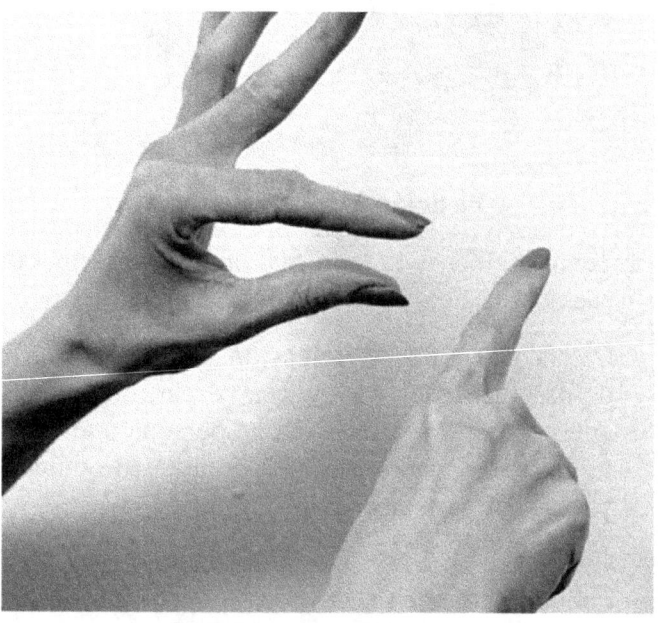

El dedo rompe la barrera: Respuesta "No"

Aceites esenciales

Autoexamen: Método de resistencia muscular

1. Toca el pulgar y el meñique de tu mano izquierda.

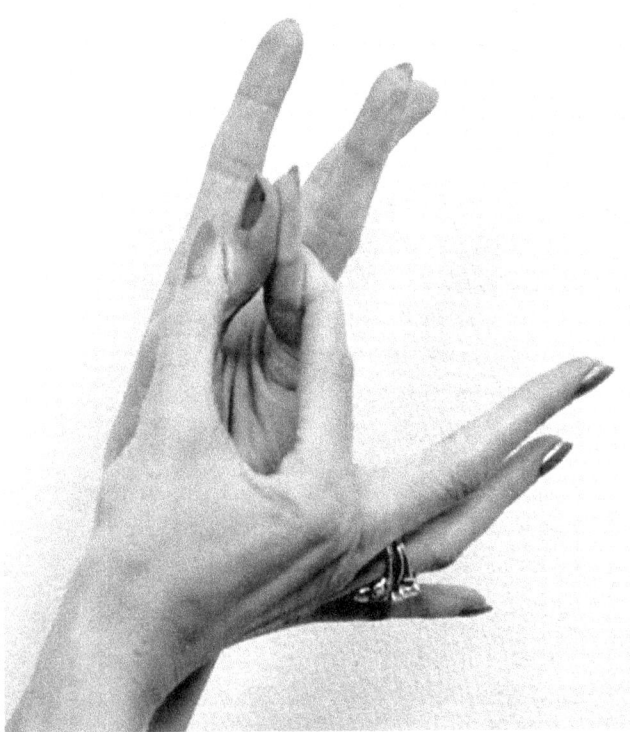

Posición de un "Sí" firme sin separación.

2. Aprieta estos dos dedos con el pulgar y meñique de tu mano derecha con un poco de presión manteniendo los dedos de tu mano izquierda juntos.

3. Intenta separar el pulgar del meñique de tu mano izquierda mientras haces presión con los dedos de tu mano derecha. Si no eres capaz de separar los dedos, obtienes una Respuesta firme". Una separación intermitente es una "respuesta moderada" y una completa separación es una "respuesta débil".

Este método te permite tener una "respuesta moderada" además de un "Sí" o "No" firme

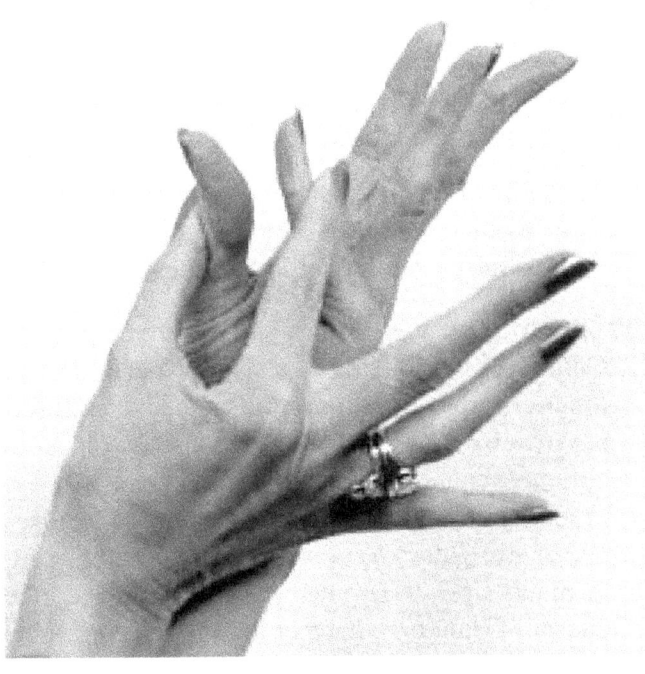

Posición final con respuesta débil o "No" con separación.

IMPLEMENTACIÓN DE LA PRUEBA MUSCULAR

Una vez que has determinado el tipo de prueba muscular que quieres usar, llévala a cabo en al mismo músculo. Se conoce como *"testing in the clear"* (hacer la prueba en limpio) y se realiza por las siguientes razones:

- Para asegurarte de tener un músculo fuerte.

- Con el fin de probar la fuerza relativa de este músculo para determinar cuanta presión debe ser aplicada.

- Para familiarizar a la persona con el test y establecer una "base" y así saber cómo se siente la fuerza de ese músculo.

- Al seguir este procedimiento, te sentirás listo para evaluar la necesidad de usar distintos aceites, luego de obtener las respuestas.

Método

1. **Coloca el aceite que vas a usar en el campo bioenergético de la persona que se va a hacer la prueba.** Los resultados más precisos se obtienen cuando la persona que se somete a la prueba puede oler el aceite (aunque es lo ideal, no es obligatorio), sosteniendo la botella con la mano libre o simplemente tocándola con el cuerpo. Cuando se hace el autoexamen y ambas manos están ocupadas, se puede usar el brazo para sostener el aceite en contacto con el pecho o el costado, o bien ponerlo en la cintura del pantalón tocando el abdomen.

2. **Realiza la prueba y compara los resultados de fortaleza muscular con los de la prueba "base"** Una respuesta fuerte indica un "Sí" rotundo, mientras que una respuesta esponjosa significa que la sustancia ayuda, pero no es la más apropiada o la mejor opción. Una respuesta débil significa "No, definitivamente no ahora".

3. **Una vez que descubres los aceites apropiados, se determina dónde necesita ser aplicado.** Esto se puede hacer tocando con la botella el correspondiente punto de alarma, el pie o cualquiera de los puntos generales de la nariz si requieres olerlo.

Cuanto más cerca esté la sustancia del punto (sin aplicarla en caso de que haya una respuesta negativa), más fiables serán los resultados. También puede ser efectivo tocar el punto o visualizarlo además de decir verbalmente la ubicación.

SUGERENCIAS ÚTILES

1. Cuando empieces la prueba muscular, primero utiliza alimentos o sustancias que sabes que son "buenas" o "malas" para ti. Así tendrás la experiencia de sentir las respuestas y te ayudarán a entender lo que puede suceder.

2. Si los resultados parecen inconsistentes, puede ser que estés deshidratado. Bebe agua y vuelve a realizar la prueba.

3. Quítate las joyas, el reloj y todo lo que pueda interferir con el flujo de energía. Esto ayudará a asegurar la exactitud de los resultados.

Precisión

El propósito de la prueba muscular es obtener respuestas precisas. La clave de la precisión en esta prueba es permanecer objetivo. Normalmente es más fácil hacerlo cuando otra persona realiza la prueba, pero con práctica serás capaz de mantener la objetividad cuando te autoexamines. Revisa tu precisión haciendo la prueba con alimentos o sustancias que sabes que van producir un "Sí" o "No" rotundo.

Como todo lo demás, ser competente en la prueba muscular requiere práctica. Una vez adquieres la habilidad, será fácil determinar qué aceites son necesarios, dónde, cuándo y durante cuánto tiempo aplicarlos. En algún momento desarrollarás tu intención para saber lo que tu cuerpo necesita, y solo tendrás que hacer la prueba para confirmar lo que ya sabes.

BIBLIOGRAFÍA

Essential Science Publishing, Compilado por PDR - *Peoples's Desk Reference for Essential Oils*,
   Salem, UT, Essential Science Publishing (1999)

Farmer, Kathy, *Unlocking Emotions with Essential Oils*

Friedmann, Terry, doctor en medicina. *Freedom Through Health*,
   North Glenn, CO, Harvest Publishers (1998)

Herzog, Roberta, Doctora en Divinidad. *The Akashic Reading Guidelines*,
   P.O. Box 448, Scotland Neck, NC, Roberta Herzog Publisher (1993)
   252-826-0837 www.robertaherzog

Higley, Connie y Alan, *Reference Guide for Essential Oils*,
   Orem, UT, Abundant Health (1998)

Mein, Carolyn, doctora en quiropraxia, *Different Bodies, Different Diets*,
   San Diego, CA, Vision Ware Press (1998)

Mein, Carolyn, doctora en quiropraxia, *Different Bodies, Different Diets*,
   New York City, NY, HarperCollins Publishers Inc. (2001)

Myss, Caroline, doctora, *Why People Don't Heal And How They Can*,
   New York City, NY, Harmony Books (1997)

Pearsall, Paul P., *The Heart Code*,
   New York City, NY, Broadway Books (1998)

Pert, Candace B., doctora, *Molecules of Emotion: Why You Feel the Way You Feel*,
   New York City, NY, Scribner (1997)

Page, Ken, *The Way It Works*,
   Bastrop, TX, Clearlight Arts (1997)

Truman, Carol, *Feelings Buried Alive Never Die*,
   St. George, UT, Olympus Distributing Corporation (1991)

Ulfelder, Susan, médica naturópata, Personal Communication, Bethesda, MD

Young, Gary, médico naturópata, *Aromatherapy: The Essential Beginning*,
   Salt Lake City, UT, Essential Press Publishing (1996)

RECURSOS

Different Bodies, Different Diets (Distintos cuerpos, distintas dietas)
Este libro resuelve el misterio de "una dieta para todos" con el Sistema de los 25 tipos de cuerpo, que se basa en la premisa de que cada persona tiene una glándula, órgano o sistema dominante que se presenta al nacer y dominará durante toda la vida. Esta glándula dominante es la que determina ciertas características físicas, psicológicas y emocionales.

Fitness-Fun-Ball™
La manera más fácil de hacer ejercicio es con *Fitness-Fun-Ball™*. consiste en usarla como si fuera una silla. El punto más débil del cuerpo es la pelvis, lo que deriva en debilidad en los músculos abdominales inferiores y dolor lumbar. Sentarse en la pelota te obliga a usar estos músculos, mejora la postura, reduce los problemas de cintura y simula el movimiento del líquido cerebral-espinal lo que resulta en el aumento de la atención y la claridad mental.

Core Fitness DVD
Se centra en fortalecer de manera eficaz los músculos abdominales con los ejercicios de Pilates y la *Fitness Ball*.

Tara Diamond,
máster en ciencias biomédicas, es una sanadora y consejera spiritual, analista de diseño humano, artista y maestra. En sus 20 años de sanación transpersonal, ha desarrollado una profundamente intuitiva. Se desempeñó como ministra en *The Teaching of the Inner Christ* y enseñó sanación astral, terapia de oración y entrenamiento de sensibilidad interna durante 10 años. En la actualidad, trabaja limpiando el campo de energía de influencias astrales que afectan el desarrollo psico-espiritual de las personas.
Tara Diamond: (619) 888-9237, www.taradiamond.com

Young Living Essential Oils™
Dedicado a restaurar el mensaje y el conocimiento relativo a la sanación al resto del mundo, Young Living Essential Oils™ se compromete a brindar la mejor calidad enaceites esenciales. Para garantizar la pureza y la calidad, Young Living siembra, cultiva, cosecha y destila muchos de sus aceites esenciales. Fundada por el Dr. Gary Young, médico naturópata, los aceites esenciales de Young Living se distribuyen a través de representantes personales, o pueden ser encargados directamente llamando al 800-371-3515, #10586.

Otra fuente de aceites esenciales de alta calidad es *Original Swiss Aromatics,* P.O. Box 6842, San Rafael, CA 94903.

Información adicional

- **Carolyn L. Mein, doctora en quiropraxia (858) 756-3704**
- *Página web*: **www.bodytype.com**
- *Contacta* **a tu distribuidor local de aceites esenciales**

APÉNDICE
Mezclas de Young Living Essential Oils™

ABUNDANCE™: Orange, Frankincense, Patchouli, Clove, Ginger, Myrrh, Cinnamon Bark, Spruce.

ACCEPTANCE™: Coriander, Geranium, Bergamot, Frankincense, Blue Tansy, Sandalwood, Neroli, con una base de aceite de almendra.

AROMA LIFE™: Cypress, Marjoram, Helichrysum, Ylang Ylang, con una base de aceite de semillas de sésamo.

AROMA SIEZ™: Basil, Marjoram, Lavender, Peppermint, Cypress.

AUSTRALIAN BLUE™: Blue Cypress, Ylang Ylang, Cedarwood, Blue Tansy, White Fir.

AUSTRALIAN KURANYA™: Lemon Myrtle, Kunzea, Blue Cypress, Sacred Sandalwood, Fennel, Australian Ericifolia, Eucalyptus Radiata, Tea Tree.

AWAKEN™: **Joy:** Bergamot, Ylang Ylang, Geranium, Coriander, Lemon, Mandarin, Jasmine, Roman Chamomile, Palmarosa; **Forgiveness:** Geranium, Coriander, Melissa, Lemon, Frankincense, Jasmine, Roman Chamomile, Bergamot, Ylang Ylang, Palmarosa, Sandalwood, Angelica, Lavender, Helichrysum, Rose, con una base de aceite de semillas de sésamo; **Present Time:** Neroli, Spruce, Ylang Ylang, con una base de aceite de almendras; **Dream Catcher:** Sandalwood, Tangerine, Ylang Ylang, Black Pepper, Bergamot, Juniper, Anisum, Blue Tansy; **Harmony:** Lavender, Sandalwood, Ylang Ylang, Frankincense, Orange, Angelica, Geranium, Spruce, Hyssop, Sage, Lavender, Rosewood, Jasmine, Roman Chamomile, Bergamot, Palmarosa, Rose, con una base de aceite de almendras.

BELIEVE™: Idaho Balsam Fir, Rosewood, Frankincense

BRAIN POWER™: Sandalwood, Cedarwood, Frankincense, Melissa, Blue Cypress, Lavender, Helichrysum.

CHIVALRY™: **Valor:** Spruce, Rosewood, Blue Tansy, Frankincense, con una base de aceite de almendras; **Joy:** Bergamot, Ylang Ylang, Geranium, Rosewood, Lemon, Mandarin, Jasmine, Roman Chamomile, Palmarosa, Rose; **Harmony:** Lavender, Sandalwood, Ylang Ylang, Frankincense, Orange, Angelica, Geranium, Spruce, Hyssop, Sage Lavender, Rosewood, Jasmine, Roman Chamomile, Bergamot, Palmarosa, Rose, con una base de aceite de almendras; **Gratitude:** Idaho Balsam Fir, Frankincense, Rosewood, Myrrh, Galbanum, Ylang Ylang.

CITRUS FRESH™: Orange, Grapefruit, Mandarin, Tangerine, Lemon, Spearmint.

CLARITY™: Basil, Cardamom, Rosemary, Peppermint, Rosewood, Geranium, Lemon, Jasmine, Roman Chamomile, Bergamot, Ylang Ylang, Palmarosa.

COMMON SENSE™: Frankincense (Boswellia Carteri), Ylang Ylang, Ocotea, Rue, Dorado Azul, Lime

DI-GIZE™: Tarragon, Ginger, Peppermint, Juniper, Fennel, Lemongrass, Anise, Patchouli.

DRAGON TIME™: Fennel, Clary Sage, Marjoram, Lavender, Blue Yarrow, Jasmine.

DREAM CATCHER™: Sandalwood, Tangerine, Ylang Ylang, Black Pepper, Bergamot, Juniper, Anise, Blue Tansy.

EGYPTIAN GOLD™: Frankincense, Balsam Canada, Lavender, Myrrh, Hyssop, Northern Lights Black Spruce, Cedarwood, Vetiver, Rose, Cinnamon Bark.

ENDO FLEX™: Spearmint, Sage, Geranium, Myrtle, German Chamomile, Nutmeg, con una base de aceite de semillas de sésamo.

EN-R-GEE™: Rosemary, Juniper, Lemongrass, Nutmeg, Idaho Balsam Fir, Clove, Black Pepper.

ENVISION™: Spruce, Geranium, Orange, Lavender, Sage, Rose.

EXODUS II™: Cassia, Myrrh, Cinnamon Bark, Calamus, Galbanum, Hyssop, Spikenard, Frankincense, con una base de aceite de oliva.

FORGIVENESS™: Melissa, Geranium, Frankincense, Rosewood, Sandalwood, Angelica, Lavender Lemon, Jasmine, Roman Chamomile, Bergamot, Ylang Ylang, Palmarosa, Helichrysum, Rose, con una base de aceite de semillas de sésamo.

FULFILL YOUR DESTINY™: Tangerine, Frankincense, Nutmeg, Cassia, Cardamom, Clary Sage, Black Pepper, Idaho Blue Spruce, Neroli.

GATHERING™: Lavender, Geranium, Galbanum, Frankincense, Sandalwood, Ylang Ylang, Spruce, Rose, Cinnamon Bark.

GARY'S LIGHT™: Cinnamon Bark, Cistus, Dorado Azul, Eucalyptus Radiata, Hyssop, Lemongrass, Myrrh, Petitgrain, Sacred Frankincense

GENEYUS™: Sacred Frankincense, Blue Cypress, Cedarwood, Idaho Blue Spruce, Palo Santo, Melissa, Northern Lights Black Spruce, Sweet Almond, Bergamot, Myrrh, Vetiver, Geranium, Royal Hawaiian Sandalwood™, Ylang Ylang, Hyssop, Coriander, Rose.

GRATITUDE™: Idaho Balsam Fir, Frankincense, Rosewood, Myrrh, Galbanum, Ylang Ylang.

GROUNDING™: White Fir, Spruce, Ylang Ylang, Pine, Cedarwood, Angelica, Juniper

HARMONY™: Lavender, Sandalwood, Ylang Ylang, Frankincense, Orange, Angelica, Geranium, Spruce, Hyssop, Sage, Rosewood, Jasmine, Roman Chamomile, Bergamot, Palmarosa, Rose

HIGHER UNITY™: Sacred Sandalwood™, Sacred Frankincense™, Lime, Northern Lights Black Spruce, Spearmint, Lemon, Jasmine, and Rose.

HIGHEST POTENTIAL™: **Australian Blue:** Blue Cypress, Ylang Ylang, Cedarwood, Blue Tansy, White Fir; **Gathering:** Lavender, Geranium, Galbanum, Frankincense, Sandalwood, Ylang Ylang, Spruce, Rose, Cinnamon Bark, Jasmine.

HOPE™: Melissa, Juniper, Myrrh, Spruce, con una base de aceite de almendras.

HUMILITY™: Rosewood, Ylang Ylang, Geranium, Melissa, Frankincense, Spikenard, Myrrh, Neroli, Rose, con una base de aceite de semillas de sésamo.

IMMUPOWER™: Hyssop, Mountain Savory, Cistus, Ravensara, Frankincense, Oregano, Clove, Cumin, Idaho Tansy.

INNER CHILD™: Orange, Tangerine, Ylang Ylang, Jasmine, Sandalwood, Lemongrass, Spruce, Neroli.

Aceites esenciales

INSPIRATION™: Cedarwood, Spruce, Rosewood, Myrtle, Sandalwood, Frankincense, Mugwort.

INTO THE FUTURE™: Clary Sage, Ylang Ylang, White Fir, Idaho Tansy, Frankincense, Jasmine, White Lotus, Juniper, Orange, Cedarwood, con una base de aceite de almendras.

JOURNEY ON™: Dream Catcher, Immupower, Motivation, Copaiba, Cinnamon Bark, Peppermint.

JOY™: Bergamot, Ylang Ylang, Geranium, Rosewood, Lemon, Mandarin, Jasmine, Roman Chamomile, Palmarosa, Rose.

JUVAFLEX™: Fennel, Geranium, Rosemary, Roman Chamomile, Blue Tansy, Helichrysum, con una base de aceite de semillas de sésamo.

LEGACY™: Angelica, Balsam Fir, Basil, Bay Laurel, Bergamot, Black Pepper, Blue Tansy, Cajeput, Canadian Fleabane, Canadian Red Cedar, Cardamom, Carrot Seed, Cedarwood, Cinnamon Bark, Cistus, Citronella, Clary Sage, Clove, Coriander, Cumin, Cypress, Dill, Douglas Fir, Elemi, Eucalyptus Citriodora, Eucalyptus Dives, Eucalyptus Globulus, Eucalyptus Polybractea, Eucalyptus Radiata, Fennel, Frankincense, Galbanum, Geranium, German Chamomile, Ginger, Goldenrod, Grapefruit, Helichrysum, Hemlock, Hyssop, Idaho Tansy, Jasmine, Juniper, Lavender, Ledum, Lemon, Lemongrass, Lime, Mandarin, Melaleuca Alternifolia, Melaleuca Ericifolia, Melissa, Mountain Savory, Myrrh, Myrtle, Neroli, Nutmeg, Orange, Oregano, Palmarosa, Patchouly, Peppermint, Petitgrain, Pine, Ravensara, Red Fir, Roman Chamomile, Rose, Rose Hip, Rosemary, Rosewood, Sage, Sandalwood, Spearmint, Spikenard, Spruce, Tangerine, Tarragon, Thyme, Valerian, Vetiver, White Fir, Wintergreen, Yarrow, Yellow Pine, Ylang Ylang.

LIGHT THE FIRE™: Mastrante, Northern Lights Black Spruce, Nutmeg, Cassia, Ocotea, Canadian Fleabane, Lemon, Pepper, and Hinoki.

LIVE WITH PASSION™: Clary Sage, Ginger, Sandalwood, Jasmine, Angelica, Cedarwood, Melissa, Helichrysum, Patchouli, Neroli.

LIVE YOUR PASSION™: Orange, Royal Hawaiian™, Sandalwood, Nutmeg, Lime, Idaho Blue Spruce, Northern Lights Black Spruce, Ylang Ylang, Frankincense, Peppermint.

LONGEVITY™: Thyme, Orange, Clove, Frankincense.

MAGNIFY YOUR PURPOSE™: Sandalwood, Rosewood, Sage, Nutmeg, Patchouli, Cinnamon Bark, Ginger.

MELROSE™: Rosemary, Melaleuca Alternifolia, Clove, Melaleuca Quinquenervia.

MOTIVATION™: Roman Chamomile, Ylang Ylang, Spruce, Lavender.

ONE HEART™: Lemon Peel, Ylang Ylang, Northern Lights Black Spruce, Lime, Roman Chamomile, Jasmine, Ocotea, Spearmint, Black Spruce, Blue Tansy, Camphor, Geranium, Frankincense

ONE PURPOSE™: Lime Peel, Sacred Frankincense, Ecuadorian Ylang Ylang, Ocotea, Black Spruce, Camphor, rose, Blue Tansy, Geranium, Frankincense

ONE VOICE™: Ecuadorian Ylang Ylang, Grand Fir, Idaho Blue Spruce, Sacred Frankincense, Blue Cypress, Sandalwood, Basil, Helichrysum, Ylang Ylang, Jasmine, Cardmon, Cedarwood, Rosemary, Geranium, Rose, Lavender, Peppermint, Frankincense, Royal Hawaiian Sandalwood, Northern Lights Black Spruce, White Fir, Vetiver, Coriander, Black Spruce, Bergamot, Cinnamon, Davana, Lemon Peel, Roman Chamomile, Palmarosa, Matricaria, Blue Tansy, Grapefruit Peel, Tangerine Peel, Spearmint, Ocotea

PANAWAY™: Wintergreen, Helichrysum, Clove, Peppermint.

PEACE & CALMING™: Tangerine, Orange, Ylang Ylang, Patchouli, Blue Tansy.

PRESENT TIME™: Neroli, Spruce, Ylang Ylang, con una base de aceite de almendras.

PURIFICATION™: Citronella, Lemongrass, Rosemary, Melaleuca, Lavendin, Myrtle.

R.C.™: Myrtle, Eucalyptus Globulus, Eucalyptus Australian, Pine, Marjoram, Eucalyptus Citriodora, Lavender, Cypress, Spruce, Eucalyptus Radiata, Peppermint.

RELEASE™: Ylang Ylang, Lavendin, Geranium, Sandalwood, Blue Tansy, con una base de aceite de oliva.

RELIEVE IT™: Spruce, Black Pepper, Hyssop, Peppermint.

ROOTS™: Myrrh, Idaho Grand Fir, Sacred Frankincense, Angelica, Balm of Gilead, Cistus

RUTAVALA™: Lavender, Valerian, Ruta Graveolens.

SACRED MOUNTAIN™: Spruce, Ylang Ylang, Idaho Balsam Fir, Cedarwood.

SARA™: Ylang Ylang, Geranium, Lavender, Orange, Blue Tansy, Cedarwood, Rose, White Lotus con una base de aceite de almendras.

SENSATION™: Coriander, Ylang Ylang, Furano Coumarin-free Bergamot, Jasmine, Geranium.

SHUTRAN™: Idaho Blue Spruce, Ocotea, Ylang Ylang, Hinoki, Coriander, Davana, Lavender, Cedarwood, Lemon, Northern Lights Black Spruce.

STRESS AWAY™: Lime, Vanilla Extract, Copaiba, Lavender, Cedarwood, Ocotea.

SURRENDER™: Lavender, Lemon, Roman Chamomile, Spruce, Angelica, German Chamomile.

THIEVES™: Clove, Lemon, Cinnamon Bark, Eucalyptus Radiata, Rosemary.

3 WISE MEN™: Sandalwood, Juniper, Frankincense, Spruce, Myrrh, con una base de aceite de oliva.

TRANSFORMATION™: Lemon, Frankincense, Peppermint, Idaho Balsam Fir, Sandalwood, Clary Sage, Cardomom.

TRAUMA LIFE™: Frankincense, Sandalwood, Valerian, Lavender, Davana, Spruce, Geranium, Helichrysum, Citrus Hystrix, Rose.

VALOR™: Spruce, Rosewood, Blue Tansy, Frankincense, con una base de aceite de almendras.

WHITE ANGELICA™: Bergamot, Geranium, Myrrh, Sandalwood, Rosewood, Ylang Ylang, Spruce, Hyssop, Melissa, Rose, con una base de aceite de almendras.

WINGS™: Geranium, Lavender, Sandalwood, Ylang Ylang, Idaho Blue Spruce, Sacred Frankincense, Matricaria, Melissa, Orange Peel, Northern Lights Black Spruce, Tangerine Peel, Myrrh, Rose, Angelica

Eleva tu potencial al conocer tu tipo de cuerpo

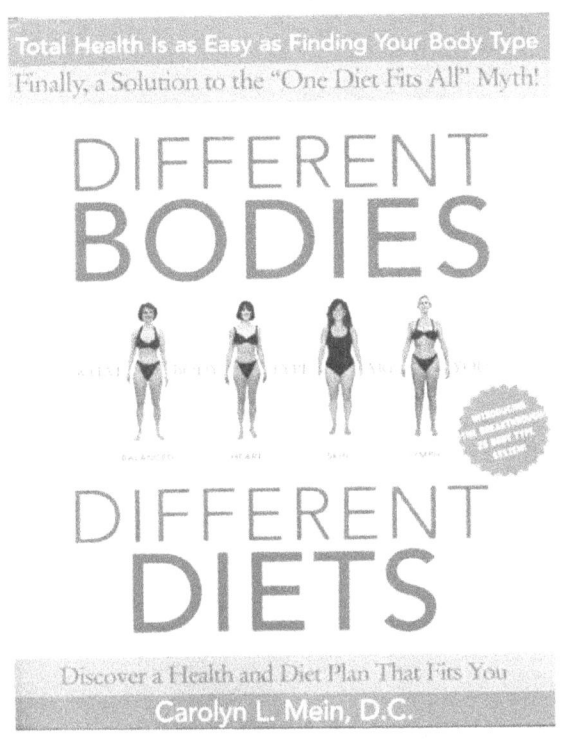

Incluye fotos y descripciones de cada tipo de cuerpo para hombre y mujer
US$27.95

Perfil para cada tipo de cuerpo. Incluye entre 20 y 50 sugerencias alimentarias para cada tipo de cuerpo, además de un ejemplo de menú para una semana US$14,95

- **No todos pensamos igual**
- **Tenemos diferentes fortalezas**
- **No nos motivan las mismas cosas**

¿Cómo sería tu vida si conocieras tus fortalezas, tu verdadero potencial, en lo que te destacas, y lo que te motiva a ti y a los demás?

Son contadas las veces en que los miembros de una familia tienen el mismo tipo de cuerpo. Existen 25 tipos diferentes de cuerpo, cada uno con sus propios rasgos de personalidad y requisitos alimenticios. Las características personales pueden ser expresadas "en lo peor" y "en lo mejor". Saberlo mejora las relaciones.

Para aprender más sobre *The 25 Body Type System*™, visita:

www.bodytype.com

Determina tu tipo de cuerpo en línea, seleccionando "Prueba para mujeres" o "Prueba para hombres"

Carolyn L. Mein, doctora quiropráctica

Ofrece a tus sentidos la alegría de la nutrición espiritual con Chakra Harmony

Combina técnicas de afinación visual y sonora para armonizar tu cuerpo, mente y espíritu.

- Fortalece tu campo de energía
- Equilibra tus emociones
- Libera el estrés
- Alíneate
- Siéntete más positivo
- Limpia tu aura
- Transforma el sufrimiento en alegría

Este DVD muy fácil de seguir te muestra cómo equilibrar las energías de tu vida y liberar el estrés. Se puede usar activamente o como sonido relajante de fondo.

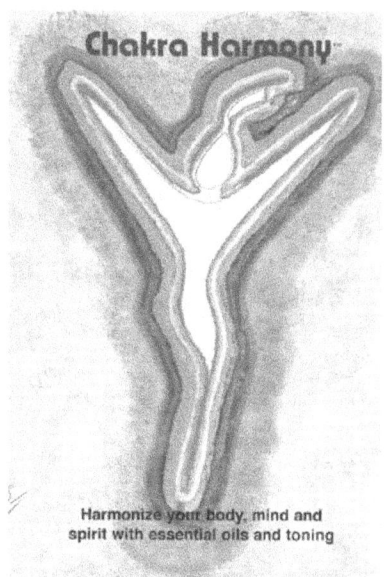

Kit de bolsa de viaje de tela suave con 5/8 botellas pequeñas que contienen 8 aceites esenciales para chakras:

Joy	Ylang Ylang
SARA	Cedarwood
Sacred Mountain	Release
White Angelica	Idaho Balsam Fir

Kit de bolsa de viaje con 4 aceites adicionales

Frankincense	Peppermint
Peace & Calming	Purification

DVD Chakra Harmony	US$ 24,95
Chakra Essential Oils Kit (8 Oils)	US$ 139.95
w/ Chakra Harmony DVD	US$ 159.95
Chakra Essential Oils Kit (12 Oils)	US$ 179.95
w/ Chakra Harmony DVD	US$ 199.95

Más envío
Incluye tarjeta de referencia

También disponible
KIT DE VIAJE "GUERRERO PACÍFICO"
US$189.95
GUÍA PARA LA RESOLUCIÓN PACÍFICA DEL CONFLICTO
El Kit de viaje Guerrero Pacífico contiene 12 aceites esenciales:

Peace & Calming	Purification	Peppermint	Frankincense
Valor	Lavender	Lemon	Harmony
Common Sense	Clarity	JuvaFlex	Highest Potential

Carolyn L. Mein, doctora en quiropraxia P.O. Box 8112, Rancho Santa Fe, CA 92067
(858) 756-3704 Fax: (858) 756-6933
Visita *www.bodytype.com* para acceder a más DVDs y recursos adicionales

Aceites esenciales

www.ingramcontent.com/pod-product-compliance
Lightning Source LLC
Chambersburg PA
CBHW081112080526
44587CB00021B/3562